敢于放手的教育

禾心◎著

图书在版编目（CIP）数据

敢于放手的教育 / 禾心著. -- 长春 : 吉林文史出版社，2025. 6. -- ISBN 978-7-5752-1290-8

Ⅰ. G78

中国国家版本馆 CIP 数据核字第 2025HQ8940 号

敢于放手的教育

GAN YU FANGSHOU DE JIAOYU

著　　者：禾　心
责任编辑：张涣钰
封面设计：杨　斌
出版发行：吉林文史出版社
电　　话：0431-81629352
地　　址：长春市福祉大路 5788 号
邮　　编：130117
网　　址：www.jlws.com.cn
印　　刷：三河市同力彩印有限公司
开　　本：880mm × 1230mm 1/32
印　　张：5
字　　数：75 千
版　　次：2025 年 6 月第 1 版
印　　次：2025 年 6 月第 1 次印刷
书　　号：ISBN 978-7-5752-1290-8
定　　价：49.00 元

目录

第一章

· 底层滋养 ·

——为孩子童年
注入爱与自由的底色

营造宽松探索空间，让孩子随心而动

在当下育儿焦虑弥漫的氛围中，不少家长为孩子成长问题忧心忡忡。他们精心规划孩子生活的每一处细节，却惊觉孩子逐渐变得沉默、缺乏活力。殊不知，过度干预正悄然扼杀孩子的创造力，而营造宽松探索空间，让孩子随心而动，才是给予孩子成长的珍贵礼物。

在多年的儿童心理咨询和家庭教育指导中，我逐渐意识到一个令人深思的问题：在今天的育儿环境里，孩子被照顾得无微不至，却也在无形中失去了最宝贵的**自由探索的空间**。许多家长带着最真挚的爱，安排好每一天的日程、规划好学习内容与游戏方式，唯恐遗漏任何一个“有利于成长的机会”。然而，他们忽略了孩子成长的一种更深层的需求——主动性与创造力的滋养。

我们常以为为孩子做好每一件事，是尽责；**实际上，真正的责**

任，是引导孩子发现自己可以掌握生活的一部分。这种掌握感，不是在听从命令或模仿大人中得来的，而是在宽松、安全且自主的环境中，在一步步“做中学”“玩中悟”中培养出来。

曾有一位母亲向我倾诉，说她6岁的儿子越来越沉默，不愿表达，也没有明确的兴趣。“我什么都替他安排好了，可他却越来越‘没精神’。”她困惑地问我，问题出在哪里？

我告诉她：“可能，他太少拥有属于自己的‘空间’了。”孩子虽然年纪尚小，但同样是一个有独立意识和情感需求的个体。如果父母事无巨细地替他安排好一切，从吃穿住行到学习玩耍，孩子就会渐渐失去对生活的好奇与探索的欲望。他没有机会去选择、去尝试、去犯错，自然也就失去了表达自己的动力和兴趣。沉默，或许正是他内心“被动”的一种抗议方式。

有时候，父母出于爱与保护的本能，试图把最好的一切都奉上，却忽略了孩子内心成长最需要的——**自主权和尊重**。当一个孩子没有空间去表达真实的感受和想法时，他就会慢慢学会“沉默”，因为他觉得无论说什么都不会被理解或采纳。反之，如果我们能给予孩子一定的自由，让他参与到自己的生活安排中，哪怕是选择早餐吃什么、周末去哪玩这样的小事，也能让他感受到自己是被尊重的，自己是有能力做决定的。

成长不是被塑造，而是在陪伴与尊重中慢慢展开的过程。孩子的“没精神”并不是他的问题，而可能是我们给予他的世界太满、太紧，没给他留下呼吸和想象的空间。

这里所说的“空间”，不仅是一个可以活动的物理区域，更是一种心理上的自由感——可以做决定，可以试错，可以依照自己的节奏前行。孩子如果长时间处于被安排、被评价、被指导的状态，他们就很难发展出对世界的好奇心和自主思维。

为此，我提出了**“创意空间自主规划法”**，该方法强调“环境即教育”，在家庭育儿中，通过让孩子参与自己生活空间的布置与规划，激发其自主性与责任感的养成，该方法在心理咨询实践中已得到广泛应用。

“创意空间自主规划法”鼓励孩子根据自己的兴趣、习惯和成长目标，对某个小空间（如书桌、墙面、展示角等）进行自主设计与持续管理。通过这样的过程，孩子不仅获得表达自我和规划生活的机会，还能在“空间反映内在状态”的互动中提升专注力与内在秩序感。

实施步骤：

第一步，划定一个专属区域。

空间不需要很大，哪怕是客厅一角、阳台一隅，甚至是卧室的某块地毯，明确这是孩子可以随意发挥的空间。这个空间不强调美观，而是强调功能与主权。

第二步，准备开放式材料。

在这里，我们不提供成品玩具或带有明确玩法的教具，而是给予“无指向材料”，如纸箱、瓶盖、旧布料、画笔、胶水、剪刀、废旧物品等。孩子会用这些物品建构自己的世界：可能是一个火箭基地，也可能是一家布娃娃餐厅。

第三步，不过度介入。

许多家长在孩子动手时忍不住指导：“这不对吧？”“你这样没法粘牢。”“来，妈妈帮你弄。”但正是这些看似温柔的干预，一点点剥夺了孩子思考和试错的权利。请记住，在孩子的创意空间里，大人应退居幕后。除非出于安全考虑，不打断、不评价、不操控，是对孩子最大的尊重。

第四步，周期性地共同回顾。

每隔一段时间，和孩子一起看看这个空间发生了什么变化。问问他们：“你最近在这里做了什么？”“有没有什么是你想继续改进的？”通过这样的对话，不仅增强了孩子的表达能力，也让他们逐渐形成自我审视的能力。

有一次，我受邀去一个家庭观察指导。孩子叫小舟，7岁。起初，他对任何活动都提不起兴趣，父母为此十分焦虑。我注意到家中极为整洁有序，每一样物品都有其归属，没有一个角落是混乱的。

我建议家长在客厅靠窗的位置规划出一个**“创意角”**，让小舟自己来决定那块空间的用途和布置。他起初显得有些局促，但当家长真正放下控制欲，尊重他的小小决定时，他的眼睛里逐渐有了光。他开始收集各类纸板、旧玩具零件、瓶瓶罐罐，搭建起属于自己的**“宇宙实验室”**。他给每样装置命名、设定功能，甚至画出流程图来解释这些装置如何运转。

两个月后，小舟变得健谈、自信，最重要的是，他能在无人指导下独立完成一个又一个“工程”。他的母亲感慨地说：“原来，他不是没有创造力，只是从来没被允许真正表达。”

空间，是孩子的精神栖息地。在那里，他们可以静静地体验自我、感知世界、构建逻辑、释放情绪。而自由，则是那片空间最基本的空气。缺了它，孩子的成长会变得机械、僵化；有了它，孩子才能真正拥有灵魂的舒展。

教育学家蒙台梭利认为：真正的教育，是让孩子成为他自己。我们不能替孩子长出翅膀，但可以为他们提供起飞的平台。家庭中那片属于孩子的小角落，正是他们生命之旅的起点。在那里，他们不再只是父母世界的客人，而是自己王国的主人。

当我们勇敢地为孩子腾出一块自由的空间，也是在内心承认：**成长，并不是我们给予孩子的东西，而是他们自己一步步长出来的力量。**

一年秋天，我在一户人家做定期育儿指导时，看见了一个让我久久难忘的角落。

那是一堵涂鸦墙，设在家里的阳台边上，朝南的阳光洒满整面墙。墙面原本是白色，后来刷了黑板漆，孩子可以随意用粉笔在上面画画、写字，甚至贴上自己从旧书报中剪下来的图片。墙的左边是一个小书架，上面摆着一些旧纸盒、彩笔、水彩颜料、剪刀和胶水；右边放着一个矮柜，里面的物品都是孩子自己决定怎么摆放和使用的。我记得那个妈妈说："这是嘟嘟的地方，我不插手，他自己决定要放什么。"那时嘟嘟 6 岁，瘦瘦小小，神情却非常自信。

"创意空间自主规划法"，看似只是做了点家居布置上的改变，实则是教育理念的转向。从"安排"到"允许"，从"干预"到"陪伴"，是一次放手的练习，也是信任的种子在悄然播撒。相当于你告诉孩子：你是被信任的，你拥有自主探索世界的权利。

在我的很多案例中，家中设有"创意角"的孩子，往往在语言表达、空间想象、动手能力和自信心方面更为突出。他们敢于表达，也更愿意尝试。他们理解"失败"是创意的一部分，不害怕犯错，因为他们在自己的世界里是主人，是实验者，而不是被评分的考生。

让我们在爱的空间边界之内，学会一种更有智慧的"放手"。在孩子小小的创意空间中，播下一颗自由的种子，等待它悄然生根、发芽、开花……最终结出自信、自主和创造的果实。

家长分享

读完这一节，我深深感受到“自由”对于孩子成长的重要性。过去我总以为把孩子的生活安排得井井有条就是尽责，现在才明白，给予他们一个可以自由发挥的小角落，才是真正的信任和放手。文章中小舟的故事尤其打动我，那个不起眼的“创意角”竟成为他创造力爆发的起点。我意识到，成长并不需要我们事无巨细地引导，而是需要我们默默守候，适时退场。真正的爱，是给孩子一个属于他们自己的世界。

读后打卡

知行合一小任务	提示	是否完成
设置一个专属于孩子的自由空间。	观察孩子兴趣点。例：喜欢画画的孩子，可以在一整面墙上贴上涂鸦贴，任由孩子涂画。	

第二节

每日给予专属亲子时光，传递温暖爱意

我见过太多因“不被听见”而沉默的孩子。他们有的用黏人掩饰孤独，有的用叛逆掩盖渴望，有的甚至用冷漠对抗失望。父母们总在追问“孩子为什么不肯说?”，却忘了问问自己：是否曾在孩子分享心事时，用一句搪塞的话浇灭了他们的倾诉欲？其实，爱不需要昂贵的礼物，只需要在孩子开口时，学会放下手机、放下评判，用一次认真的聆听，为他们筑起一座温暖的避风港。

每次踏入家庭咨询室，我的内心都在默默探寻一个声音。那是源自孩子眼神深处的无声诉说，承载着他们对“被爱”的渴望与确认。我明白，最迫切需要被我们捕捉并倾听的，恰恰是那些**孩子未曾言明的心声。**

我常问家长：“你每天有留出一段只属于你和孩子的时间吗?”

他们大多迟疑，忙碌是最常见的答案：加班、通勤、应酬、刷题、做饭……时间像被切成了无数块，用来应付生活的各种需求，但很少有哪一块，是留给自己和孩子。

记得有一次，我回访一个 7 岁女孩的家庭。女孩叫一一，是个聪明、活泼的孩子，成绩也不错，但她妈妈却常常说她太黏人，一一不管做什么都要拉着妈妈一起，就连搬个玩具也不例外。

那天傍晚，我在她家吃饭。一一一边吃，一边突然说：“妈妈，我今天差点把画落在教室里了，我好难过。”她的语气小心又真诚，像是在试探能否被听见。可她妈妈正低头给我夹菜，连头也没抬，只轻描淡写地说：“没事啊，反正又没丢，快吃饭，别想这些了。”

一一顿了一下，低头默默吃饭，再也没有提那幅画。我凝视着她那纤小的身影，就在刹那间，似有一股难以言说的情绪在她心底悄然瓦解，如同水滴坠落在光滑的桌面，迅速且悄无声息地晕散开来。

很多父母以为孩子黏人是依赖心太重。**事实上，有时候孩子不断“拉住你”，只是因为她在寻找一个能安心表达的出口。**如果我们总在孩子想要靠近时将她推开，那么她终将学会沉默，学会把那些柔软的情绪藏在心底，不再说出。

饭后我和她妈妈聊了一会儿，建议她试试一个简单的做法：**每天留出半小时，这是专属于她和孩子的“心灵密语时光”。**

“心灵密语陪伴法”源于儿童心理咨询中的“情感对话”技术，融合了发展心理学和依恋理论，尤其受到美国心理学家玛丽·安斯沃斯“敏感性回应”理念的启发。在亲子教育实务中，它被用于增进亲子情感联结、提升儿童情绪表达能力。

家长每天定时与孩子进行一段安静而专注的心灵交流，它特别适合情绪敏感或表达能力尚不成熟的孩子，有助于增强家庭的情感连接力。

实施步骤：

第一步，每日专属时间。

每天固定一个时段（建议 15~30 分钟），完全属于你和孩子。时段无须很长，只要稳定。可选择晚饭后、睡前或其他较为安静的时间。

第二步，关闭干扰源。

在这段时间内，关掉手机、电视、电脑，暂停手头的其他事务，用身体和注意力表达“我在乎你”。

第三步，选择轻松的互动方式。

可以一起读绘本、散步、喝牛奶、分享“今天的心情小事”。内容不重要，重要的是你在场，听孩子说。

第四步，全然倾听，温柔回应。

不急着评价或解决问题，就认真聆听并温柔回应，比如“谢谢你告诉我”，表达接纳。

几天后——妈妈发来微信：“今天我们看了一本关于‘情绪怪兽’的绘本，——突然问我小时候有没有也觉得自己是‘坏脾气怪’。我说有。她竟然笑了，说原来妈妈小时候也不是完美的。我觉得，她忽然离我更近了一点儿。”

有时候，孩子内心真正期盼的，并不是某个具体问题的答案，而是一双愿意静静聆听、能让他们毫无顾虑倾诉心声的耳朵。

我微笑着关掉屏幕，那一刻，她感受到的，不只是共读的温馨，更是对孩子成长的理解。

心理学上有个概念叫**“情绪共情力”**，它决定了孩子能否识别自己和他人的情绪，并用恰当的方式表达与回应。这一能力并非与生俱来、自然萌发，而是如同幼苗的成长需要阳光雨露的滋养，需要被看见、被倾听、被接纳，而来自外界的情感回应，恰似穿透心灵迷雾的那缕温暖阳光，照亮了孩子的内心世界。

有个男孩叫诺诺，10 岁。父母因工作原因常年异地生活，每晚的视频电话是彼此唯一的交流。孩子母亲前来咨询时，眉眼间满是倦容，声音里透着无奈："这孩子越发沉默寡言了，我每天都会问他学校里的情况，他总是回答我'没什么'。"

我请她试着换一种方式：每天晚上八点半，两人连线的内容不再是检查作业、追问学校情况，而是轮流讲一件今天让自己开心或难过的小事。不强迫对方回应，只是讲，讲完就说："谢谢你告诉我。"

最初几天，诺诺的回答仍然是"没什么"。但到了第五天，他突然说："今天体育课我跑步得了第一名，可是没人为我鼓掌。"

他妈妈沉默了一会儿，说："你真努力，我为你骄傲。"

那晚，她哭着给我打来电话，说："我好像终于贴近了他的心。"

所谓高质量陪伴，并不意味着要陪孩子做很多事情，而是要在短暂的相处时间里，做到真正的"在场"——**在情绪上共鸣，在态度上平等，在反应上温柔。**这样的陪伴，不是把孩子"安排"在我们生活的空隙中，而是我们主动为他们铺设一条直抵彼此心灵深处的坦途。

我见过一个很感人的家庭仪式，是他们坚持了多年的"晚餐分享环节"。一家四口围坐饭桌，每人轮流讲述"今天最想分享的一件小事"，不抢话、不评判，听的人只需要认真看着说话的人。这个简单的仪式，让两个男孩从小习惯了表达，也学会了聆听。

这种日复一日的陪伴，看似平凡，却在孩子心里种下了安全与信任的种子。他们知道，在这个饭桌上，没有成绩的比较、没有情绪的压制，只有被看见、被听见的安心感。无论分享的是一次课堂上的发言，还是走路时看到的一只小猫，那都是他们独特的感受与视角。而父母的耐心倾听，就是最温柔的回应。

后来那家的大儿子考入重点中学，在一次班会课上，老师让同学分享“家庭给了你什么”。他说：“我家每天晚饭像一场小小的心灵聚会，我知道无论我说什么，都会有人认真听完。”他的回答让老师感动不已，也让许多同学陷入沉思。原来真正的陪伴，不在于是否有很多物质支持，而在于是否有一个稳定的情感驿站，能让孩子自由说话，不被打断、不被忽视。这个家庭用一个小小的晚餐仪式，悄悄培养出了两个情绪健康、有沟通能力的孩子。也许，这就是家庭教育最动人的样子。

很多父母担心孩子叛逆、不愿沟通，其实问题常常不在于孩子不说，而在于我们没有听。“心灵密语共享时刻”并不复杂，不需要专业技巧，也不需要华丽安排，它只需在一天里留出一段专属你和孩子的时光，让彼此沉浸于你们独特的天地。

在咨询中，我鼓励越来越多的家长试着建立属于自己的**“亲子仪式感”**：可以是一场睡前的谈心，可以是一场每周五晚的家庭电影分享，也可以是每天黄昏在小区楼下并肩走的10分钟。时间不一定长，形式不一定统一，但那段“我们只属于彼此”的时光，会在孩子的内心，留下一条深情的记忆线。

它不会立刻显现出什么“成果”，不会像报个学习班立刻提高分数，但它是一种静水深流的爱，是孩子长大后可以回望的港湾，是他在世界浮沉中依然相信“我值得被爱”的底气。

孩子的情绪感知力、人际交往力，其实就在这些看似平凡的互动中得到锻炼。他们在你的耐心里学会了不打断，在你的回应中学会了真诚，在你的关注中学会了爱人。

而我们，也在这样的陪伴中重新学习如何去爱——**一种不掌控、不急切、不高高在上的爱。**

有一次，我问一个6岁的小朋友：“你什么时候觉得妈妈最爱你？”他没有说是妈妈送了什么礼物，也不是带他去了哪里玩，而是说：“晚上她抱着我，看我画的那只丑猫，还说她也想养一只。”

那一刻的爱，比千言万语都温暖。

所以，请为你和孩子留出那段“心灵密语”的时光。哪怕是熄灯前短短 10 分钟，只要你在，只要你听，只要你不评判，那就是一场心与心的拥抱。

在这个快节奏的时代里，爱需要我们放慢脚步。愿你和孩子，都能在彼此的陪伴中，拥有被深深倾听、被认真爱着的勇气与力量。

家长分享

这节内容让我意识到：孩子的“黏人”行为、其实是在向我们发出爱的求救信号。那些被我们忽略的小话题，轻轻带过的情绪、或许正是孩子内心世界最需要回应的部分。最触动我的是“——”因为妈妈一句“没事啊、反正又没丢、快吃饭、别想这些了。”而迅速沉默的情节、孩子并不是不想说话、而是怕自己说了也不会被真正听见。原来、高质量陪伴并不复杂、它可以是每天10分钟的“心灵密语时光”、可以是一场静静的聆听。在孩子最需要我们的时刻、能做到真正“在场”、便是爱最深沉的表达。

读后打卡

知行合一小任务	提示	是否完成
每天留出 15~30 分钟亲子时光。	关闭手机等干扰源，选择孩子感兴趣的互动方式，倾听孩子的讲述，不要中途打断。	

第三节

跟着孩子成长的节奏，静待花开

在育儿这场漫长旅程中，许多父母常因孩子学习进度慢而心生焦虑，总不自觉地将自家孩子与他人比较，仿佛稍有落后便是失败。然而，每个孩子都是独特的生命个体，有着自己的成长节奏。盲目催促与攀比，往往适得其反，相比之下，顺应孩子节奏的陪伴更为重要。

几年前，我在一次家庭教育讲座结束后，被一位年轻妈妈拉住了手。她眼里有掩饰不住的焦虑："老师，我儿子6岁了，还是不会骑自行车，也不会系鞋带，跳绳也总是跳不好。是不是我们已经落后了？"

她口中的"我们"，其实说出了许多父母的心声。在这个人人竞相追逐"早起跑线"的时代，焦虑情绪好似已然化作育儿过程中的一项"标配"。谁家的孩子学得早、跑得快，就像在无形中给自己也打了分。**可教育，不是流水线上标准件的复制，而是一场季节错落的花期之旅，每朵花有它该开的时刻。**

有个6岁的小男孩叫小羽，我第一次见他，是在一个春日的午后。他在花园边的小路上小心翼翼地学骑一辆没有辅助轮的自行车，脚尖点地，踉踉跄跄。其他孩子早已在不远处骑着车你追我赶，而他就那样安静地练着，摔倒了，拍拍裤子又起来，眼神固执又专注。

他妈妈站在一旁，手里捏着手机，一会儿想过去帮忙，一会儿又强忍住不动。她是那种典型的“上进型妈妈”，每天为孩子制订详尽的计划表：几点识字、几点练琴、几点运动。家中摆满了早教工具和绘本，她也总在家长群里关注别的孩子学了什么、报了什么班，仿佛一旦停下脚步，孩子就会被世界抛下。

我轻轻跟她说：“你看，小羽其实并没有停下。他只是按自己的节奏，在一步步往前走。”孩子的成长并不是一条单行道，也不是比拼效率的竞技场。会不会系鞋带、会不会跳绳，其实远远没有愿不愿意尝试、摔倒后能不能再站起来来得重要。我们看到的‘落后’，或许只是表面，而真正的成长，在他选择默默坚持的那一刻已悄然发生。

那天，小羽终于在阳光下短短地骑行了几秒钟，他回头望了妈妈一眼，眼里闪着光。他妈妈忍不住跑过去抱住他，那一刻，她终于放下了手里的“进度表”，也放下了心里的焦虑。

教育，不是拔苗助长的速度竞赛，而是陪孩子找到他自己的节奏，再耐心地守在旁边，哪怕慢一点儿也无妨。因为每个孩子都有属于他自己的春天。

孩子的成长从来不只是一张计划表可以衡量的。我请她试一试**“成长节奏跟随法”**。

成长节奏跟随法是一种尊重孩子发展步调的教育理念。这一方法源自发展心理学者汤玛斯·阿姆斯特朗的“全脑学习”理论和蒙台梭利“尊重自然成长”原则，其核心在于守望、信任与等待。它强调：家长不应急于介入、纠正，而应先观察孩子的尝试，给予时间与空间，在真正需要帮助时，再给予恰当支持。

实施步骤：

第一步，观察而非干预。

在孩子学习一项新技能时（如骑车、跳绳、阅读等），家长不要急于上前指导或纠正，而要站在一旁静静观察，关注孩子的努力过程，而不是结果表现。

第二步，适时回应，点滴鼓励。

当孩子主动寻求帮助或表现出沮丧时，适时介入进行支持，以鼓励为主，不使用比较、责备或负面暗示。表达如：“我看到你坚持了很多次，这已经很了不起了。”

第三步，创造低压成长场景。

在家庭中减少具有“任务感”的学习安排，改用游戏、角色扮演、讲故事等自然方式培养孩子的能力。例如，通过“扮演商店老板”培养表达能力；用“写信给猫”激发文字兴趣。

第四步，欣赏当下，用语言传递信任。

不以结果论英雄，不以别人家孩子为标准。用“我知道你会的，一直都知道”这样温暖的语言，给予孩子内在的自信和坚定的被爱感。

我告诉她：“你看到的是他跳绳慢半拍，但你没看到的是他摔倒了还愿意再站起来，那份坚持，比技巧更难得。”

心理学中有一个重要概念，叫**“自我效能感”**，指一个人相信自己能够完成某项任务的信念。它是孩子日后面对挑战、调整自我、坚持目标的重要心理基石。而这种信念，不是别人教会的，是孩子自己在尝试与失败中，一点点建立起来的。

几个月后，小羽学会了骑车。我收到他妈妈发来的一段视频，画面里他骑着那辆自行车穿过公园的长廊，风吹乱了头发，他兴奋地喊着：“妈妈我做到了！”镜头一晃，是她含泪的笑容。

她在信息里写道：“我忍了很多次没去扶他，忍了很多次没说‘你怎么还不会’，现在我懂了，他有他自己的节奏。”

这件事让我想起几年前在云南支教时遇到的一位村里孩子。他学拼音比别人慢，拼音常常写错，但他从不怕写错，也不怕被别人嘲笑。他的老师说：“他是那种不管经历多少困难，都一定会发芽、开花的孩子。”

他的眼神里总有一股特别的坚定。每天放学后，别的孩子去玩了，他却常常一个人坐在教室角落，一笔一画地默写拼音，嘴里还小声地读着。他不聪明，也不“快”，但他专注而踏实。慢慢地，他不再写错拼音，朗读也开始流畅，期末的时候，他甚至主动上台讲了一个小故事，虽然磕磕绊绊，却赢得了全班热烈的掌声。

那一刻，我深深明白了：**成长从来不是一场竞赛，而是一场属于自己的旅程。**有的孩子像春天的迎春花，早早绽放；有的像深秋的菊，要在风霜中缓缓盛开。我们做父母的，最大的修养，不是如何让孩子跑得更快，而是能忍住催促和焦虑，给他时间与空间，让他在自己的节奏里，安静地生长，最终开出属于他自己的花。

很多家长以为让孩子早学会一项技能便具有“抢跑”的优势。其实过早训练超出孩子心理与生理发展阶段的技能，不仅事倍功半，还可能伤害孩子的学习自信心。就像让一棵还扎根未稳的树苗被强行抽枝，最后反而更容易折断。

有一个家庭，妈妈是初中老师，对孩子的认字、阅读启蒙格外上心。她女儿才4岁，就被安排每天练字、读课文，还报了英语班。她曾骄傲地说："我们家小希已经能认三百个字了。"但一年后她找到我时，神情不再轻松："她现在一提读书就说累，一看书就想玩，连绘本都不爱看了。"

这是一个常见却令人心疼的现象：当学习被过早地结构化、目标化，孩子最初的好奇和兴趣就会慢慢被消磨殆尽。**小希的抗拒，不是因为她"不爱学习"，而是她的节奏太早被迫与成人的期待接轨。**

我请她尝试重新梳理孩子的成长节奏，暂时放下识字和背诵的目标，回归生活本身，从日常小事中重新点燃对语言的热爱。哪怕只是一起玩超市游戏、给玩偶编故事，或是用画画来表达喜怒哀乐。这些看似"不务正业"的时光，却悄悄松开了小希内心紧绷的弦。慢慢地，她又会主动拿起绘本，模仿大人讲故事，甚至开始给家里的猫写"信"。这一次，语言的表达不是任务，而是一次快乐的输出。

育儿中真正的智慧，是看清每一个孩子都是独一无二的节拍器，而不是按别人的节奏生活的影子。西方儿童心理学有观点：**每个孩子都有自己的时间表，我们唯一需要做的，是信任和守候。**"守候"这个词，道尽了放手的智慧，放手不是撒手不管，也不是紧紧拉住，而是边走边看，边鼓励边等。

有时候我会带孩子们去郊外的农庄看那些安静生长的植物。有的番茄挂果早，有的要到晚秋才慢慢红起来，但农夫从不焦虑。因为他知道，生命自有节奏，催不来，也赶不得。

教育亦是如此。"成长节奏跟随法"不是什么新奇的技巧，而是一种**心态**的修炼：

1. 放慢脚步，睁大眼睛，看见孩子当下正在努力的部分；

2. 少一些比较，多一些欣赏；

3. 在孩子需要时不缺席，在他尝试时不过多介入。

这种看似“慢”，其实正是最稳健的“快”。

孩子是我们照见自己的镜子。我们在他们身上期待的，不该是按部就班的成功，而是勇敢尝试的光芒。与其比谁起跑得早，不如比谁跑得久，跑得坚定，跑得快乐。

愿你在陪伴孩子成长的路上，有等待花开的耐心，也有静看枝叶舒展的闲适。让每一朵小花，都能在属于它的季节里，悄然盛开，芬芳四溢。

家长分享

这一节让我放下了对“进度”的执念，也放下了对“别人家孩子”的焦虑。文章用小羽和云南支教孩子的故事告诉我们：成长从不设时钟，每个孩子都有属于自己的节奏。作为父母，我们需要学会的，不是催促，而是守候。孩子的自信，是在一次次尝试，跌倒，再站起来中建立的，而我们的任务，就是在他们需要帮助的时候，不缺席；在他们安静成长时，不打扰。

读后打卡

知行合一小任务	提示	是否完成
观察孩子学习新技能的过程。	默默观察，适时鼓励，用游戏助力，不过多介入。	

第四节

积极回应好奇提问，助力知识探索

在家庭教育的日常场景中，许多父母常因孩子频繁的提问感到困扰，或以“长大了自然懂”进行回应，或直接提供答案，却忽略了这些“为什么”背后藏着孩子探索世界的火种。其实，提问不是打扰，而是成长的前奏，比起直接解答，陪孩子一起寻找答案，才是点燃他们好奇心的关键。

在做家庭教育咨询的这些年里，我听过无数父母提到一个共同的现象：孩子小时候总是特别爱问“为什么”，可慢慢地，好像就不问了。

“他现在不问了，是不是成熟了？”有位妈妈问我。

我轻轻摇头。孩子不问了，也许不是成熟了，而是失去了提问的勇气。我们可能错过了一些本可以点燃他探索世界的热情火苗的瞬间。

我至今记得那个问我“天空为什么是蓝色”的 8 岁孩子，他叫小正，是一个特别喜欢观察细节的男孩。他的眼睛像装了一面放大镜，看云的形状能看 10 分钟，发现蚂蚁搬家后能一路蹲着跟蚂蚁到新洞口。他妈妈性格温和，人很聪慧，却常常在育儿过程中陷入自我怀疑。那天她发微信问我：“老师，他又问了我为什么天是蓝色的，我说‘百度一下’，他不太满意。我是不是太敷衍了？”

我听完笑了：“不是敷衍，只是你还没发现，这是扇通往无限可能的大门。”

几天后，我去了他们家，和小正聊起了这个问题。他眼睛发亮地看着我说：“老师，我已经问了 AI 机器人，说是‘蓝光散射得多’，可是我还不太懂。”

“你愿意和我一起做个实验看看吗？”我问。

于是我们开始搭建一个**“好奇问题探索链”**。这个方法的重点是，当孩子提出一个问题时，不急着给答案，而是邀请他一起踏上去寻找答案的旅程。

实施步骤：

第一步，想一想。

鼓励孩子自己动脑想一想，这叫激发思维力。

第二步，查一查。

和孩子一起查资料，哪怕是网络、百科书籍、动画视频，从而锻炼他搜集信息的能力。

第三步，做一做。

找个办法验证，比如做个简单实验，让知识“长在身体里”。

我们用了一个大玻璃缸，装上水，在水中加入一小勺牛奶。接着关灯，用手电筒从侧面照射进去，小正惊讶地发现，水面呈现出微微的蓝光，随着光线变化，还有点偏橙的色彩。我告诉他，这是光的“瑞利散射”现象的一种简单模拟：阳光中有各种颜色的光，蓝光的波长较短，容易被空气中的微粒子散射，所以我们看到的天空是蓝的。

他当时一句话没说，等我们收拾完实验材料，他才小声说：“原来真的可以自己找答案啊。”

那一刻，我忽然觉得比“天为什么是蓝的”更动人的是，他知道了好奇是可以被认真对待的，提问是值得被回应的，答案并不是别人告诉我的，而是我可以自己去找到的。

心理学研究告诉我们，儿童的求知欲如同一根极其敏感的藤蔓，哪怕轻轻一踩，都会断裂。但如果我们愿意呵护并引导它，它就会越长越坚韧，直至缠上广袤的知识之树。

“好奇问题探索链”不是一个固定的流程，而是一种**心态的转变**。在咨询中，我常看到一些父母将孩子的提问视作“干扰”：他们忙于家务、应对工作压力，一听到“为什么乌龟不怕淹死”这类问题，便本能地说“以后再说”“别问那么多”。久而久之，孩子便学会了沉默，**不是他不再好奇，而是他知道自己的问题不会被珍视。**

但孩子的成长过程，本就是一场一个问题接着另一个问题的旅程。他们的问题有时看似可笑、天真，甚至“幼稚到不值得回答”。然而，正是这些“没意义”的提问，构建了思维的边界，也打开了探索的窗口。每一个“为什么”，都可能是一颗潜藏的种子，等待着被回应、被呵护。

有一个家庭，妈妈是工程师，女儿 5 岁。有一天女孩问：“为什么水放久了会变味？”她正在洗衣服，随口回了一句：“水坏了呗。”孩子点点头，表面平静，心里却并未放下。几天后，这位妈妈惊讶地发现女儿竟然悄悄用三个水杯装上不同的液体，贴上标签，放在厨房橱柜上做“实验”。原来，那看似随意的问题，是孩子科学思维悄悄萌芽的起点。

我建议她试着加入孩子的探索，记录下每天的观察结果，比如“水放多久后会有味道”“不同容器是否有差别”等。慢慢地，这个看似简单的日常问题，变成了一堂微型的“家庭科学课”。她发现女儿不仅认真，还会自己画图表、用符号表示气味的变化程度，并试图给水的“变味”找一个原因。

这就是“好奇问题探索链”的意义所在——**它不是让我们立刻给出标准答案，而是学会用陪伴和鼓励，引导孩子在问题中找到自我驱动的力量。**孩子不缺问题，缺的是愿意一起走进问题世界的大人。我们不必每次都变身“百科全书”，但我们可以做那个说“我们一起找找看”的大人。

教育的本质，并非灌输多少知识，而是帮助孩子保有那份热爱世界、不断追问的能力。而这种能力，往往在一次次“听起来不重要”的提问中，悄悄生根、发芽，最终长成思维的树。

其实，对每个孩子来说，他们都生来拥有对世界的无限好奇。他们天生是“问号制造机”，每一个问题都像是伸向未知世界的小手，而我们要做的，不是急着把那只手拉回来，而是温柔地握住它，说：“走，我们一起去看看。”

好奇心是孩子思维成长的起点，是创造力的根源。如果我们总是以“你还小”“等你长大就懂了”来回避，就相当于替孩子关上了通往知识的门。而每一次我们认真地回应，就是帮他打开一扇窗，让阳光透进来。被倾听的孩子，会觉得自己的问题有价值，从而更愿意主动探索。

现在的小正，已经养成了习惯：每次遇到不懂的问题，他会先在“探索本”里写下来，然后去查书、问人、找视频，最后再尝试做点小实验。他有时候不一定能完全理解那些科学原理，但那种“我能自己找到答案”的信心，已经开始在他心中扎根。慢慢地，他的语言表达能力、动手实践能力以及自我驱动的学习习惯，均如破土而出的幼苗般，慢慢发展成熟起来。我常跟家长说：“不是每个孩子都要成为科学家，但每个孩子都有成为探索者的权利。”孩子的问题并不需要被完美回答，比起准备一个“正确答案”，更重要的是传递一种态度：**提问是被欢迎的、是值得鼓励的。**

当我们放下“必须教会什么”的焦虑，更多地陪孩子去看、去试、去想，就会发现：**成长，从不是一堂堂课堆起来的结果，而是由一个个好奇心组成。你回应的不只是一个问题，更是一个正在向世界敞开怀抱的灵魂。**

这个世界变化太快了，父母教不了孩子所有知识，但我们可以教他们如何学习，如何面对未知，如何用好奇心与勇气走出一条自己的路。

就像我经常讲的那句话：**“教育的目的，不是填满水桶，而是点燃火焰。”**而每一个孩子的“为什么”，都是点燃火焰的火花。

愿你在育儿的日常里，看见那一双好奇的眼睛，并能愿意停下脚步，听一听那句“妈妈，为什么……”，然后温柔地说：“咱们一起找找看，好不好？”这份陪伴，会成为孩子生命里最温暖、最坚定的底气。

家长分享

这一节让我重新认识了"提问"的意义。过去我常把孩子的问题当作琐碎打扰，如今才明白，那些"为什么"是孩子对世界最真挚的好奇与探索世界的起点。文章中小正的故事让我深受启发：当我们愿意陪孩子去找答案，而不是直接给出答案，他们就会学会思考、尝试、验证，最终建立起自我探索的信心。

读后打卡

知行合一小任务	提示	是否完成
和孩子用"好奇问题探索链"找答案。	鼓励思考，一起查资料、验证，引导孩子参与全过程。	

第五节

对孩子自理行为及时夸赞，增强自信

你是否也曾在匆忙中催促过孩子：“快点！你怎么又不动啊？”面对孩子的磨蹭，许多父母无奈又焦急。然而，大声斥责非但无效，反而可能激起孩子的逆反心理。家长急得上火，孩子却无动于衷。其实，孩子并非天生“懒惰”，只是我们太习惯“抢跑”，忽略了他们迈出成长小步时的努力。试着慢半拍，或许能看到别样的风景。

每个清晨，都是家庭育儿故事悄然上演的时刻。你是否也遇到过这样的情形：一边匆匆忙忙地准备出门，一边还要为孩子找袜子、装书包、擦水壶，嘴里念着：“快点！你怎么又不动啊？”仿佛所有人都在为时间奔跑，唯有孩子，慢吞吞地站在原地，像个局外人。

“孩子不愿意做事”这个问题是家长咨询中出现频率较高的内

容之一。常常是在电话那头，妈妈无奈又焦急地说："老师，我家孩子就是懒，我说的他都不听，光知道玩！"而我往往会反问一句："他有没有做过一些小事，却没有被你看见呢？"

孩子的成长，并不总是轰轰烈烈。有时候，他们迈出的那一小步，可能只是将一只袜子准确塞进抽屉里，或者早晨自己穿好外套。但正是这些看似微不足道的自理行为，将成为他们独立道路上的第一道光。

晨晨是我指导过的一个 7 岁男孩，笑起来腼腆又甜。他的妈妈是小学语文老师，说话温柔又利落。她告诉我，晨晨每天上学前都会盯着她帮他穿衣服、装书包、带水壶，每一件事自己都不主动去做。"我催他就磨蹭，不催他就干脆不做，感觉他根本没意识到这些该他做。"

我没有立刻分析问题，而是先问她："你有没有试着专门观察晨晨做这些事情时的表情？他是不会，还是不愿？"她沉默了几秒，说："可能……有时候他正准备去拿水壶，我已经先拿好了。"

这其实是很多父母的通病。我们太熟悉孩子的节奏，反而走在他们前面。我们总以为，是孩子不做，可他们也许正准备迈步，只是被我们一把抱了起来。

我鼓励她尝试**"慢半拍"**的方式，也就是在孩子该行动的时候，先停下来给他一些时间，不插手、不催促。哪怕他磨蹭了 2 分钟，也先观察再介入。妈妈开始试着放手，比如早上她先站在厨房里默默看着，给晨晨留出空间。刚开始他只是站着发呆，但后来，他终于开始慢慢自己整理书包、穿鞋子。

这些微小的突破，是孩子对"被信任"的回应。**父母放手的那一刻，其实也是一种无声的鼓励：你可以的，我相信你。**

成长，从不是父母推着跑出来的结果，而是孩子被允许慢慢走出来的过程。只要我们愿意等一等，他们终将会走得更稳、更自信。

于是，我建议她试一试**“自理成就闪耀时刻法”**。

实施步骤：

第一步，观察。

设定观察时刻，不干预，只看见。

第二步，记录。

记录孩子每一次自理行为的细节进步。

第三步，夸赞。

用具体语言夸赞过程而非结果。

第四步，存档。

引导孩子用图画、手账等方式记录自己的成就，形成正向循环。

但夸赞，并不只是“你真棒”这么一句话。那太轻飘，像风吹过脸一样无感无痕。真正有力量的夸赞，要表达出看见孩子的努力过程。当晨晨自己整理书包时，不需要强调书包有多整洁，而是说：“我发现你今天把铅笔盒放得特别整齐，书也按顺序放了，你越来越会安排啦！”

夸过程，是在传递一个信息：**“我看见你的用心”，而不是“我只在乎结果”。**

妈妈刚开始还有些不习惯，她习惯性地想去“帮一把”，但慢慢地，她开始学会收手。她开始早一点儿起床，把晨晨叫醒后，就坐在餐桌边看书，不吭声。晨晨一开始还有点摸不着头脑，犹豫着等妈妈指令，后来发现没人催促，就自己去穿衣、拿书包、准备水壶。

有一天，他拿水壶时不小心掉在了地上，水洒了一地。他吓得不敢动，妈妈从书桌后走出来，没有责备，而是蹲下来递给他一块抹布，说："你刚才抓水壶的方式我觉得挺有意思，只是角度有点斜。来，我陪你一起把地擦干。"

那个晚上，晨晨在床头贴了一张手绘小贴纸，上面画了他自己背着书包笑嘻嘻的样子。妈妈看着贴纸，眼圈红了。

心理学中有一个概念叫**"自我效能感"，是指一个人相信自己有能力完成某项任务的内在信心。**它不是天生的，而是在一次次被肯定中慢慢养成的。而孩子的自我效能感，最初来源于最亲近的人的认可。

所以请记住，孩子不是真的"懒"，他们只是在等待被信任、被允许慢慢成长的机会。当你不再一味催促，而是多一些放手，多一些鼓励，你会惊喜地发现，他们脚下的路，其实一直都在悄悄延展，只是需要你耐心去看见。

我曾经带过一个家庭训练营，有个5岁女孩第一次学着自己洗袜子，水洒得满脸都是，衣袖也湿透了。她妈妈本想上前阻止，我轻轻拦住了她，只说了一句："你看她脸上的表情。"妈妈一看，女儿嘴角上扬，眉毛因为紧张微微皱起，一副全神贯注的模样。

她妈妈低声说："她好认真啊。"

我笑着说："是啊，认真是一切能力养成的起点。"

许多时候，我们误以为要给孩子自由，就要让他们去探索宇宙、登高远望。但其实，对孩子来说，一个鞋柜、一张书桌、一个水壶，都是他们的小世界。他们在这些日常中，尝试主宰自己的生活。而我们大人要做的就是，当他们偶尔把袜子放错、把碗摔碎、把衣服穿反的时候，不急着纠正，而是静静等他们找到自己的节奏。

就像晨晨。两个月后，他已经能每天早上自己洗脸、穿衣、整理书包。他妈妈说："现在他一看到我在厨房忙，就主动去把自己的事情做完，然后跑过来跟我说：'妈妈，我准备好了哦！'"她笑着补充："他说这句话的时候，声音都不一样，特别有底气。"

孩子并不是天生懒惰或者不独立，更多时候，是因为他们缺少了被"看到"的机会。当他们的努力被忽视，他们就会逐渐失去行动的动力。但当他们的每一点点进步被父母真诚回应，就像灯光一点点亮起，他们会越来越有方向感和自我价值感。

我们要明白，自理不是父母的退场，而是孩子的登台。孩子每天主动去做一件事，哪怕只是倒一杯水、叠一条毛巾，都是一次成长的宣言。**我们不需要一味表扬结果，更该重视过程里的细节：他有没有比昨天更主动？有没有多坚持几秒？有没有尝试用自己的办法去解决？**

夸奖不只是奖励，而是一种心理上的"回应"。它告诉孩子："我看见你在努力，我认可你去尝试。"这种回应，能唤醒孩子内心深处那个愿意为自己生活负责的灵魂。

教育并不是一味地纠正错误，而是在孩子做得对的时候，哪怕只是对了一点点，也要让他们知道："你在变得越来越好。"这句话，比任何说教都有力量。

有时候我想，父母就像孩子的镜子。孩子透过我们，看到自己的模样。如果镜子里总是一张不满意的脸，他们自然失去了信心；但如果镜子里反映出的是笑容，是鼓励，是点头称赞，他们就会有勇气去面对生活里的复杂与琐碎。

所以，我常常鼓励家长，在孩子自己完成某件事时，给孩子一个“闪耀时刻”。过程不需要隆重，不需要奖励，只需要你的一句：“我看到你今天更熟练了”“你刚刚自己解决问题啦”，这就是能照亮他们前行之路的光。

人生的独立，并不是一蹴而就，而是在每天穿衣、整理、刷牙等具体事务中，一步步建立的。而孩子的自信，也正是在这些“被看见”的日子里，一点点积累起来的。

家长分享

文章中晨晨妈妈从“总想帮一把”到“静静看着”的转变，让我感受到“放手”的力量。放手不等于放弃，而是给予孩子足够的空间。那一句“我看到你今天更熟练了”，远比简单的“你真棒”更有分量。原来，孩子的自信不是喊出来的，而是在被看见、被理解、被鼓励中，一点一滴累积出来的。

读后打卡

知行合一小任务	提示	是否完成
观察记录孩子的自理行为。	留意自理行为，具体夸赞，引导孩子用画或手账记录。	

第二章

· 成长护航 ·

——化解叛逆共赴成长

第一节

尊重孩子隐私，不私自窥探私密领域

许多父母常常困惑：曾经与自己无话不谈的孩子，为何突然变得沉默寡言、将自己封闭起来？当看到孩子把秘密藏进日记本、紧锁房门，父母出于担心选择窥探，却不料换来孩子更深的疏离。其实，这是孩子成长中自我意识觉醒的信号，父母需要学会尊重与等待。

“他怎么突然就变了？”说出这句话时，妈妈们的内心常常是惶恐、不解、委屈等多种情绪交杂一起，她们曾一手包揽孩子们的生活起居，如今却发现孩子越来越沉默，门关得越来越紧，甚至连眼神交流都少了许多。

我常常安静地听，然后缓缓说一句：“他没有变，他只是在找回自己。”

琪琪是个典型的例子。琪琪是一个 11 岁的女孩，瘦瘦的，笑起来带着一丝羞涩。她的妈妈张女士是银行职员，平时工作严谨，做母亲也一丝不苟。她告诉我："琪琪这孩子平时很听话，就是最近，总喜欢一个人窝在房间里写东西，还不让我看，藏得严严实实。我担心她是不是受了什么刺激，心里藏了事情。"

她犹豫了一下，接着低声补充："前两天她出门没关抽屉，我忍不住翻了她的日记……"

我看着她的眼睛问："那你看到什么了？"

"没什么大事，就是写了她喜欢哪个同学，以及哪天在学校被老师批评了，她怕我知道会骂她。"

她的声音越来越小，可语气里满是复杂的情绪，从中不难看出一位母亲的矛盾：她想靠近孩子，却又在靠近的过程中，不小心拉远了彼此的心。

琪琪后来得知日记被看了，没有哭闹，也没有责问妈妈，只是变得更沉默了。她开始将日记撕掉再写，房门也换上了一个简易的小锁。

这不是对抗，而是一种本能的自我保护。因为她意识到，她的边界被突破了。

青春期是孩子自我意识觉醒的重要阶段。他们开始有了**隐私需求**，开始渴望"我自己的空间"。这是成长的信号，而不是问题的征兆。**父母要学会从"管理者"慢慢转变为"守护者"，在尊重中建立信任。**不是不关心，而是以合适的方式靠近；不是不沟通，而是用孩子愿意听的语气去对话。孩子的心门不会永远关闭，只要我们学会耐心等待，并用理解代替控制，那扇门，终有一天会再次为你敞开。

处于青春期前期的孩子，他们渴望被信任，并试图建立属于自己的"小世界"，在这个世界里，他们是主角，是思考者，是探索者。而隐私，正是这个世界的围栏，是他们心灵花园的一道门。父母若一味打着"为你好"的旗号擅闯这扇门，看似亲近孩子，实则失了尊重。在一次次的窥探中，孩子学会的不是真诚分享，而是如何隐藏与防御。

我对张女士讲述了一个我自己的故事。我女儿 14 岁那年，也喜欢写日记。有一次她外出忘了带，日记本摊开在书桌上，我看到那一页写的是关于自我怀疑。我站在那里，手几乎就要伸过去，最终却慢慢收了回来。我告诉自己：**她能写出来，就是一种自我整理；她没主动告诉我，就是还没准备好。**我应该尊重她的节奏。

于是我做了另一件事。那天晚上，我们一起洗碗时，我随口说："我小时候也写日记，觉得很多事情说不出口的时候，写出来心里会舒服些。"她没有立刻回应。后来，她主动跟我聊起近日的一些心事，我明白，那份信任是在我没有翻开日记的那一刻开始建立的。

于是，我建议张女士和琪琪尝试一下**"隐私尊重契约法"**。这是一种促进家庭成员之间相互尊重和信任的方法。它要求家长和孩子协商并达成一种相互承诺，明确每个人的隐私权利，并在尊重的基础上处理家庭成员之间的沟通和界限问题。**这并不是一个真正法律意义上的契约，而是一份相互尊重的承诺。**

实施步骤：

第一步，开放对话。

家长和孩子进行坦诚的对话，讨论隐私的意义与重要性，表达各自的感受和需求。

第二步，共同制定契约。

双方共同商定契约内容，可以书面或口头约定，例如：孩子有权保护自己的隐私，家长应尊重这些界限；在出现问题时，孩子承诺会主动寻求帮助。

第三步，签订承诺。

通过书面或口头形式，双方确认这些承诺，确保达成共识，并确保执行。

第四步，定期检查与调整。

定期检查双方对契约遵守的情况，评估隐私尊重的效果，必要时进行调整和沟通，确保双方的需求得到满足。

张女士半信半疑地回去试了一下。几天后，她回来说：“我没想到琪琪竟然很认真地跟我讨论这个‘契约’。她还说她可以给我设置一个‘妈妈本子’，里面写她愿意分享的事。”

我们都笑了。那是成长带来的奇妙变化，孩子不是拒绝我们，而是希望我们以另一种方式存在。

尊重不是放任，而是一种有界限的信任。每个孩子都在试图把自己的世界一点点拼起来，他们需要的不是被窥视的安全感，而是被理解的安心感。当我们收回控制的手，交出信任，也许就能真正走进孩子的内心世界。

“隐私”这个词，在我成长的年代并不常被提及。那时候，我们的父母总是习惯掌控一切，对我们的小秘密嗤之以鼻。但今天的孩子，生活在一个信息更丰富、边界更清晰的时代，他们比我们更早意识到“这是我自己的事”。

尊重孩子的隐私，其实是在教他们尊重自己，也尊重他人。当孩子懂得被尊重的感觉，他们就不会去翻别人的包，偷窥别人的信息，甚至在一段关系中强行介入。他们会知道，真正的亲密，是在边界清晰中彼此靠近，而不是无孔不入的控制。

我曾走访一个家庭，这户人家里设有一个小柜子，柜门上贴着字条："这是我的秘密角，请尊重我。"那是一个9岁男孩的私人小空间。他妈妈告诉我，每次他心情不好就会在那儿画画、拼乐高，等他自己走出来他们再说话。他们之间没有紧张，只有一种温柔的信任。

这样的信任不是一天建立的，也不是靠"看得多""问得勤"换来的，它是在一次次克制自己"想知道"的冲动之后，悄悄生长出的。这个小柜子，或许看起来毫不起眼，却给了孩子一个最珍贵的私人空间，让他知道，家是一个既安全又被尊重的地方。

我也想告诉每一位正在读这篇文字的妈妈，孩子在成长，正如一棵树悄然抽枝发芽。他们不再事事依赖我们，开始有了自己的小秘密、情绪和想法。他们渴望独立，同时又希望有一个稳定的支点。而我们要做的，是像那棵不远不近的老树，不评判，不干涉，只静静守候。等他们愿意靠过来的时候，给他们一个温暖的怀抱，让他们知道，**无论走多远，家始终是港湾。**

孩子的隐私，就像一块尚未雕刻的璞玉，里面藏着他们最初的思想和情感。如果我们愿意等他们自己拿出来给我们看，而不是急着用力打开，他们将更愿意分享给我们一个完整而真诚的自己。

请给孩子一个可以安放心事的抽屉，一块属于自己的小天地，那里也许藏着他们最真实的梦和最初的自我。**而我们，唯有以尊重为钥匙，才能真正走进他们的世界。**尊重不是退让，而是一种深刻的信任，是在他们需要空间时，选择相信；在他们沉默不语时，选择等待；在他们愿意靠近时，给予拥抱。而当孩子感受到这种被尊重的安全感，他们会逐渐建立起对世界的信任感，学会表达、倾听、理解与共情。从那一刻起，他们会明白，自己是一个独立的人，拥有被尊重的尊严，也有能力去尊重他人。

家长分享

读完这一节，我深受触动。以前我总以为翻看孩子的日记、手机是出于关心，可现在才明白，那些行为或许正在悄悄伤害孩子。孩子成长是逐步建立边界与自我认同的过程，我们越想靠近，就越要学会适时后退，给予他们空间与尊重。真正的陪伴，不是"全知全控"，而是"适度退场"。唯有信任，才能换来信任。

读后打卡

知行合一小任务	提示	是否完成
和孩子一起制定一份"隐私尊重契约"。	坦诚对话，共同商定契约内容，书面或口头约定均可。	

第二节

倾听梦想，给予肯定支持

许多父母面对孩子天马行空的梦想，常以“不现实”“没前途”将其轻易否定。他们急于用现实的标准规划孩子的未来，却不知自己的否定可能已浇灭孩子心中梦想的火焰。孩子的梦想或许稚嫩，但只需家长的一些支持，或许就能绽放出意想不到的光芒。

有时候，一个孩子小小的愿望，会被大人视作“异想天开”，被轻描淡写地带过，甚至被一句“不现实”判了无期徒刑。但在我多年的亲子指导中，我渐渐发现，那些敢于坚持梦想的孩子，往往心中有一股不灭的火，而点燃这团火的，常常只需**一个眼神的肯定，一句温柔的鼓励。**

那是一个深秋的下午，阳光斜斜地洒在我咨询室的木地板上，金黄一片。来访的是一对母子，母亲李女士是一位中学语文老师，干练、理性。她的儿子铭铭，今年10岁，瘦瘦的，戴着一副眼镜，坐在那里一言不发，手里攥着一只被涂得花花绿绿的铅笔盒。

李女士的语速很快："我不是那种逼孩子学奥数的家长，但我真的不理解，他每天放学回来不做作业，就只画画。还跟我说，将来想做漫画家。这都什么时代了，画画能养活自己吗？我就想让他现实点，别被梦想蒙了眼。"

我看了一眼铭铭，他的眼神轻微躲闪，像只受惊的小动物。我轻轻笑了笑，说："能让我看看你画的漫画吗？"

他犹豫了几秒，从书包里抽出一个皱皱巴巴的本子。翻开第一页，第一眼并不惊艳，却耐人寻味。那是他自己虚构的一个小英雄，有名字，有标志性的发型，还有一张自制的"梦想清单"：画完三本故事、投稿一次、在学校办一次小型画展……

我小心地翻了几页，再抬头时，对李女士说："他不是在逃避学习，他在认真准备自己的未来。"

李女士怔住了。我知道，那一刻她突然意识到，这不是一时的心血来潮，而是一个小男孩真切的追求。

心理学中有个概念叫**"内驱力"**，指的是**个体出于兴趣与满足感而主动进行某种行为，而非外界奖惩。**这种内驱力，是一个人终身学习与自我实现的核心动力。很多家长总想用"应该""必须"去推孩子，却不知，真正能让他们坚持走下去的，是源于内心深处的渴望。

接着我向李女士说了一个案例。乐乐是一个8岁的小女孩，性格温柔细腻。她最大的兴趣是做甜点。每次妈妈在厨房里忙活，她就帮忙打鸡蛋、搅拌面糊，还偷偷用彩笔设计属于自己的"蛋糕菜单"。

爸爸觉得"玩做饭"耽误学习，经常说："等你数学考好了，再来谈什么蛋糕。”妈妈虽然心软，但也担心孩子太沉迷，忽视了正事。于是，他们在一次家庭教育讲座后，向我咨询：有没有一种方式，既不打击孩子的兴趣，又能帮她提高学习成绩？

我建议他们尝试不嘲讽、不轻视，认真倾听孩子开甜品店的梦想，鼓励孩子画出她理想中的店面，并尝试和她一起给甜品命名，做一个梦想板贴在厨房。

后来，他们家里每月固定了一个“甜品日”，这一天父母让乐乐负责菜单、准备食材，甚至邀请亲戚来当“顾客”。在过程中，妈妈引导她用数学知识估算食材比例、写清单，不经意间把兴趣和学习联系了起来。爸爸还帮她设立了阶段性目标，如“做三种不同的饼干并记录口味改进”“向学校投稿一个‘小厨神’故事”等。在支持中引导她发现，原来“喜欢”也可以变成“能力”。

三个月后，乐乐不仅在厨房里更加自信，她的作文也因为真实而生动，被选为班级推荐阅读。数学成绩也有提升，因为她为了做出更完美的甜点，开始主动练习数学。妈妈感慨道：**“原来不是兴趣和学习对立，而是我们不知道怎么去搭桥。现在我们不再说‘你别做梦了’，而是常常说‘我们一起来试试看’。”**

在我的咨询室里，我见过很多孩子的梦想。有的想做飞行员，有的想开一家甜品店，有的说长大要成为科学家，也有只是想做个在村里教书的老师。梦的大小从不是评判的标准，重要的是是否有人认真地听过他们的声音，是否有人告诉过他们：“你值得拥有。”

最后我给李女士介绍了**“梦想护航助力法”**。这个方法不复杂，甚至有些朴素，但却是我亲眼见证过的无数家庭实践后的智慧结晶。

实施步骤：

第一步，认真聆听。

不评判，不立刻纠正，只是听孩子讲述他们的梦想，听他们为什么喜欢那样的生活，听他们对未来的设想。哪怕听起来幼稚、荒诞，哪怕和你曾设想的“好前途”南辕北辙，也请暂且按下焦虑，给这个梦想一个被说出口的机会。

第二步，给予肯定支持。

认可孩子的热情，比急着指出困难更重要。就像给小树苗浇水，不是因为它现在已经参天，而是你相信它终将长成。你可以送孩子一本专业书，帮他寻找一位领域内的榜样，或者陪他一起参观一次相关展览……这些举动传递的信息是：你的梦，我也在乎。

第三步，设立梦想交流时间。

我建议家长每个月抽出一两个固定时间段，和孩子聊聊他们的梦想进展。不是盘问，而是帮助孩子整理思路、规划路径。比如：你接下来想画什么？有没有新故事？需不需要我帮你查点资料？这个过程其实也是在教会孩子设定目标、管理时间、面对挫折。

第四步，不过多干涉实现路径。

家长往往容易替孩子“设计好”成功路线，但梦想是他们的，不是我们的。过多干预只会让孩子感觉被替代，而不被信任。我们可以引导，但不应该主导。

我讲完这些，李女士沉默良久，然后对铭铭说："妈妈……可以给你买本关于构图的书吗？"

那天，铭铭的笑比阳光还灿烂。铭铭悄悄告诉我，他其实知道妈妈担心什么，也知道不是每个漫画家都能成功。但他说："我只是想试试，如果不试，我会一直后悔。"

其实我们做父母的，不必担心孩子梦想"太远"或者"不切实际"。我们真正该担心的，是在孩子还愿意说梦的时候，我们是否用现实和苛责把那扇门重重关上了。**梦想是孩子内心最柔软、最真实的部分，如果连父母都不愿听，那在这个世界上，还有谁会愿意听？**

有一次，在一场家长讲座中，一位妈妈悄悄拉住我，说起她10岁的女儿嘉嘉。她说孩子迷上了昆虫学，在夏日的午后，常常趴在自家阳台边观察蚂蚁搬家，还在日记本上细致描绘蜻蜓的翅膀结构。她丈夫却觉得这样没出息，总想把孩子从"无用"的兴趣中拉出来，多做几页数学卷子。

"我能理解她爸爸的担忧，"她低声说，"可我也舍不得掐灭她在兴趣上的热情。"

我让她试着带嘉嘉去参加一次自然科普营地，让孩子在专业老师的引导下，把爱好延伸为探索的能力。两个月后，她发来一张照片——嘉嘉正抱着显微镜，一边在讲解昆虫种类，一边笑得一脸阳光。

每一个人，都有自我实现的倾向，只要环境足够安全、足够给予支持。而我们的肯定与理解，就是孩子成长过程中最初、最需要的那份土壤。

嘉嘉的故事不是个例。每个孩子心中都有一扇窗，窗外有世界的无限可能。我们不是要替他们决定窗外风景，而是要为那扇窗，保留一缕光。哪怕未来他们选择了完全不同的方向，可那段"热爱”曾被认真对待的时光，也将会对他们的人生大有裨益。

亲爱的父母们，下次当孩子满脸认真地说：“我长大要当画家、厨师、太空人……”时，请不要急着摇头，而是试着问一句：“那你觉得从现在开始，怎么做才能离这个梦更近一点儿呢？”

这一问，是信任的开始，也是人生路上，一个灵魂对另一个灵魂最温柔的成全。因为梦想，从来都不是要孩子立刻实现什么，而是要他们具备追寻的勇气、面对现实的力量，以及无论多少次被现实拉回来，也依旧愿意昂首再出发的坚定。

家长分享

孩子的梦想不需要我们来评判，而是需要我们用心去倾听。那份“我想成为漫画家”的坚持，或许在成人眼里显得天真，但那正是孩子心中最纯粹的热爱。我们不是要他们马上实现什么伟大目标，而是在他们说出“我想……”时，给予一个温柔的回应。一个被支持的梦想，可以让孩子发光，也能让他们学会坚持并付诸努力。

读后打卡

知行合一小任务	提示	是否完成
倾听孩子的梦想。	耐心倾听，给予支持，不过多干涉。	

第三节

助力孩子社交，营造交友良好氛围

不少父母为孩子“不爱社交”而忧心忡忡，看到孩子躲在人群边缘、不愿主动交流，就急着给孩子贴上“内向”“不合群”等标签，甚至想通过培训强行改变，但结果往往适得其反。其实，孩子的社交能力并非靠强迫练就，而是需要理解与鼓励，在安全的环境中自然成长。

许多父母在咨询时问我：“为什么我的孩子不爱交朋友？是不是太内向了？是不是不合群？”而我往往会温柔地回答：**“孩子的社交，不是一场要赢的比赛，而是一次次需要被理解、被鼓励的尝试。”**

我记得小源的故事。他 9 岁，是个性格温和但不太擅长主动打招呼的男孩。妈妈一开始以为他只是胆小，直到她在接他放学时发现，他总是默默站在人群边上，不插话，也不参与游戏。妈妈开始焦虑，甚至考虑送他去“儿童演讲班”锻炼社交能力。

在一次亲子工作坊上，我邀请她试试**“社交熔炉锻造法”**。这个方法的核心是不强迫孩子去拥抱一个不愿靠近的人群，而是要从小范围、熟悉的环境里，开启一场轻松的社交练习。**社交，并不是一蹴而就的技能，而是一种在安全感中反复练习并逐渐得心应手的能力。**

实施步骤：

第一步，识别“安全同伴”。

选择一个孩子熟悉、信任的朋友，作为起始互动的桥梁。

第二步，设计双人互动活动。

如搭积木、做手工等低压情境，避免过多口语交流压力。

第三步，逐步引入第三人。

由“安全同伴”牵线，加入另一个同龄人，实现自然过渡。

第四步，记录正向社交经验。

通过简短对话或图画帮助孩子复盘“我做到了”时刻，建立积极期待。

于是，小源的妈妈开始尝试每月一次在家里办“亲子聚会”，邀请小源的几位同学和家长来做手工、野餐或家庭游戏。第一次聚会前，我建议她不要“包办”所有流程，而是和孩子一起制定活动计划，比如谁负责欢迎朋友、哪些游戏需要准备哪些材料、小朋友到来时说什么、离开时送什么小礼物。

起初，小源只是跟在妈妈身后，帮忙搬凳子、贴气球，不说话。但几次之后，他会主动去迎接新来的小朋友，还能组织他们玩“你比我猜”游戏，甚至在妈妈不在身边的时候，也能镇定地化解一位同学打翻果汁的小尴尬。他开始意识到："原来我可以在朋友中，拥有属于自己的角色。"

有些孩子天生不善言辞，他们更敏感，更容易被"冷落"或"忽视"击中内心。而在这些不善社交的孩子心中，其实最渴望的，恰恰是与人建立连接，只是方式与节奏不同而已。我们需要给予他们时间、空间，以及不带评判的陪伴。

我们常说，要培养孩子未来的核心竞争力，其实真正的核心，不只是会算数、会英语、会跳舞，而是他有没有能力在一个群体中自在地表达自己、理解他人、化解冲突、建立信任。这些，都是从一个个生活里的"社交熔炉"锻造而来。

我还记得一个妈妈的分享。她的女儿瑶瑶 8 岁，喜欢画画。有一次，他们策划了一个家庭"画展"，邀请邻居家的几个小朋友来参观。瑶瑶作为小小讲解员，一边介绍作品，一边让朋友们留言打分。那一天，她不仅结交了两个新朋友，还在晚饭时对妈妈说："我觉得我今天像一个真正的小艺术家。"这份自信，从不是突然到来的，而是在一次又一次与人互动中，悄然生长。

起初，瑶瑶也紧张，不敢大声说话，还担心别人不喜欢她的画。但妈妈没有替她发言，也没有"安排流程"，只是陪她一起打印"欢迎语"、布置墙面、做了一张小小的"展览地图"。正是这样的陪伴，让孩子在安全感中找到表达自己的勇气。其实，孩子的社交力和自信心，是在一个个小机会里练出来的，不是教出来的。

心理学家维果茨基曾提出**"最近发展区"**的概念，**即孩子在成人适度的支持下，能完成比自己单独操作时更复杂的任务。**这在社交发展中同样适用。家长不是孩子的"指挥官"，而是"搭梯子的人"。我们不必替他们爬到顶层，只要稳稳地搭好每一级，让他们自己去爬。

在前来咨询的一位家长的家中，每逢节日，他们都会举行"儿童厨房日"，让孩子邀请朋友们一起做简餐。从切水果到摆盘，从点歌到表演节目，孩子们自己分工协作，大人只在一旁轻声指导。

有人问："这样的安排会不会太麻烦？"是的，它比你把孩子丢进兴趣班、让孩子上社交课要麻烦得多，但同样它的意义也重大得多。孩子在一次次自我尝试中学会了倾听、协商、等待、尊重和表达。更重要的是，他们也学会了在真实生活中收获关系，而不是只在课堂上"学习社交技巧"。当孩子在真实场景中感受到"我被需要""我能被听见"，那份社交的主动性和内在动力，会在其今后的成长中持续作用。

家庭，是孩子社交的第一个舞台；父母，是他们最早的观众，也是最重要的导演。我们既要给他们掌声，也要在他们偶尔词不达意、情绪失控时，安静地等一等、扶一扶。请相信，一个在童年时被温柔支持着迈出第一步的孩子，日后走向人群时，将会走得更有力量、更从容。

有些父母在听完这些案例后会轻轻叹一口气，说："听起来真的很好，可我家孩子性格太'怪'了，见到人就躲，连亲戚来了都躲进房间。"是的，这样的孩子我也遇到过很多。他们像是一只只躲在壳里的小蜗牛，看起来慢、迟钝、退缩，但当你蹲下身子去认真看，就会发现他们其实在用自己的节奏感知世界，并非不想融入，只是还没有找到属于自己的节拍。

我记得一个叫豆豆的孩子，他 6 岁，是个典型的"社交回避型"小朋友。每次我们社区组织亲子活动时，他总是蜷在妈妈怀里，头靠在肩上，拒绝眼神接触，更别说和其他孩子玩耍了。妈妈因此一度怀疑他"社交障碍"，甚至做了不少发育评估。其实，豆豆并不缺乏情感连接的能力，只是需要用更温柔、更缓慢的方式去建立信任。

后来我们开始尝试做**"半开放式社交引导"**：不要求他参与集体游戏，而是给他和一个固定小伙伴安排"并行式"互动，比如坐在一起画画、搭积木，不需要说太多话，只要在一起就好。慢慢地，在彼此熟悉的氛围里，他学会了倾听，并对小伙伴报以微笑。

豆豆的改变不是一朝一夕，而是靠妈妈耐心地一次次制造温和而不逼迫的社交情境，一点点“软化”他的边界。在某一次活动结束后，他终于第一次开口对另一个小朋友说：“你下次还来吗？”虽然这个问句略显笨拙，但听起来却比任何流利的演讲都动人。

所以，我常常想，我们给孩子的社交支持，不应是拔苗助长，而是如春雨润物般细微无声。我们要做的，不是替他们打开社交的门，而是轻轻推开窗，让阳光和风进来。**孩子会在属于自己的节奏中，慢慢向世界伸出触角，试探、学习、扎根，最终盛放光彩。**

每一次孩子在人群中自然地笑出来，都是他们走向成熟的一个小小胜利。愿我们做父母的，不是替孩子赢得所有的掌声，而是用生活中一盏盏温暖的小灯，照亮他们通往人群的路。

家长分享

社交能力并不是逼出来的，而是在一次次温柔而真实的互动中慢慢养成的。孩子不是不愿意交朋友，他们只是还没找到合适的方式和节奏。这一节让我看到父母的理解和陪伴，就是孩子迈向人群的桥梁。那个举办小型画展的女孩，那个在社区亲子活动中学会社交的孩子，他们的笑容就是最好证明。

读后打卡

知行合一小任务	提示	是否完成
办一场亲子聚会。	设置双人互动项目，逐步引导社交。	

引导合理金钱管理，培养理财习惯

不少父母常为孩子的花钱习惯头疼不已：孩子一有钱就肆意挥霍，买些无用的东西，完全不懂得节制。家长们苦口婆心的教导往往收效甚微，焦虑之下便忍不住指责批评。然而，这种方式不仅难以改变现状，还容易引发矛盾。其实，引导孩子合理理财，需要更智慧的方法。

常有父母向我诉说一个共同的困惑："我们从小告诉孩子别乱花钱，可他还是一有钱就全花光。""她根本不清楚自己需要什么，一有了钱就想立刻买糖、买玩具。"父母这些看似琐碎的抱怨，实则饱含着对孩子未来生活能力的深切担忧。他们既害怕孩子长大后不懂得如何管理钱财，更担心孩子缺乏分寸感，不懂得权衡利弊、做出取舍。

这种焦虑的根源，还在"控制式教育"的惯性思维上。许多家长习惯为孩子规划好一切，却忽略了让孩子在试错与选择中成长。**实际上，孩子对待金钱的态度与方式，恰恰反映了他们自我意识的觉醒和判断力的发展。**

有一次，一个妈妈在课程结束后悄悄拉着我说，她儿子天天喊着要买乐高，生日红包不到一周就花光了。她忍不住说他“没有理财观念”，结果孩子情绪崩溃，说：“你根本不让我自己做主，那我攒钱还有什么意思？”我听后沉默片刻，温柔地回应她：“金钱，是孩子迈向自主的一把钥匙。我们不能只让他们学会怎么‘不花’，更重要的是教他们，钱从哪里来，要怎么用才能花得安心、用得踏实。”

正是在这样的教育理念中，**“金钱成长阶梯法”**应运而生。这是一种由儿童理财研究学者贝丝·科布林提出的实用方法，强调金钱观念的渐进式学习，像攀登阶梯那样，从基本的金钱概念，到复杂的消费决策，逐步建立孩子的理财素养。它不是灌输，而是陪伴；不是命令，而是共建，让孩子在一次次实践中积累信心。

实施步骤：

第一步，了解金钱来源。

帮助孩子理解钱是通过劳动或交换得到的，不是无中生有。

第二步，划分使用目的。

指导他们将金钱分为“日常消费”“储蓄”和“梦想目标”三类。

第三步，制定使用规则。

引导孩子参与预算制定，例如，每周可支配金额及用途范围。

第四步，进行周期性复盘。

定期和孩子一起回顾花钱的情况，鼓励反思和调整使用习惯。

林妈妈的做法至今仍让我印象深刻。她的女儿安安上小学三年级，第一次领到自己的零花钱时，激动得一个晚上都睡不着。林妈妈每月会给安安固定的零花钱，金额不高，但足够让她做一些独立的小决策。她们一起制定了一个“花钱计划表”，分为“日常消费”“储蓄”和“梦想基金”三个类别。每天的记账由安安自己完成，月底母女俩会一起坐下来，像朋友一样聊聊这个月的零花钱是怎么用的，有哪些是“值得的花费”，又有哪些是“冲动消费”。

记得有一次安安因为买了一支闪闪发光的笔而没有钱买最想要的画册，那天她非常沮丧。林妈妈没有责备她，而是和她一起分析那次消费的“代价”与“收获”，再一起想出下个月的改进计划。后来安安在一次聚会中分享说：“我现在买东西都要想三遍，看看是不是我真的需要。”这话听上去像个小大人，却让在场的家长们都红了眼眶。

我们总希望孩子长大后能成为理性且有责任感的成年人，但在他们小时候，我们却常常忽略了对他们最基本的训练。金钱，不只是买东西的工具，它背后藏着孩子对欲望的控制力、对目标的规划力以及对未来的愿景感。这些，都是一寸一寸，在生活中扎根、生长出来的。

“金钱成长阶梯法”正是基于这样一种理念：**不是灌输，而是**

陪伴；不是命令，而是共建。我们不急着让孩子一步登天，而是为他们搭起一节一节的阶梯，从认识金钱的来源、学会延迟满足，到能独立做出消费选择，再到开始规划小小的储蓄和投资目标。每一个阶段，都是孩子理解现实、练习决策、承担后果的机会。更重要的是，这一过程还会不断强化他们的自我效能感，让他们在面对今后人生的种种选择时，更加自信与有底气。

在家庭咨询中，我还见过一位爸爸的做法也很具有启发意义。他的双胞胎儿子，一个花钱节省，一个花钱大手大脚。为了能让他们在日常生活中体会到“金钱的重量”，爸爸设置了“家庭超市”，每周六开放一次。孩子们用平时完成家务获得的“家庭币”来“购买”零食、玩具、书籍，每种商品都贴有价格标签。有一次弟弟因为花了太多币而买不到心仪的球，委屈得直掉眼泪。哥哥则学会了“攒币”来兑换“下次跳过洗碗”的“特权卡”。

这些看似小打小闹的活动，却真实地把理财的理念灌输到孩子的思维中。孩子在这样的模拟中理解到：金钱不是凭空而来，消费要有所选择，而储蓄则带来自主与自由。他们还逐渐体会到延迟满足的力量，以及如何在有限资源下做出更理智的取舍。

在心理学中有一个非常重要的概念叫“自我效能感”，它指的是一个人相信自己能够通过自己的努力达成目标的能力。理财教育最重要的作用，正是增强孩子在面对现实选择时的自我效能感。不是一味地告诉他们什么能买、什么不能买，而是通过体验，让他们明白：“我可以通过自己的方式来达成自己的目标。”这种由内而生的掌控感，将是孩子面对未来世界时最宝贵的底气。

婷婷是个 10 岁的女孩，以前一有零花钱就立刻买零食、文具，不到两天就花光。妈妈一开始很焦虑，总想“控制”她的消费，但发现越管越逆反。后来她换了方式，借鉴了美国教育学家约翰·杜威提出的“做中学”理念，在家建立了一个“梦想存钱罐”

制度：婷婷每月可自由支配 50 元，其中 30 元由她决定怎么花，20 元必须存进梦想罐，目标是买一台心仪的数码相机。

最初婷婷还是会心动乱买，但妈妈并不批评，而是鼓励她每次花钱后记录“买了什么、值不值得、会不会后悔”。渐渐地，婷婷开始思考取舍，她第一次主动放弃买限量贴纸，就是为了多攒一点儿相机基金。半年后，婷婷终于靠自己的积蓄买下了那台相机，她开心地对妈妈说：“原来忍一忍，就真的能买到更想要的！”

妈妈感慨：“与其告诉她钱难赚，不如教她如何管理。理财教育不是限制，而是赋能。”从那之后，婷婷变得更加自律，也更有目标感。这份能力，将伴随她走得更远、更稳。

我们不能总在孩子犯错后才想到要去教他们理财，而是应该把金钱教育当作生活教育的一部分，从孩子第一次拿到压岁钱、第一次逛便利店、第一次自己买一支冰激淋开始，一步步地教会他们问自己：“我要的是什么？这值得吗？我能承担吗？”这些看似简单的问题，其实就是培养决策意识的起点。

请相信，每一个懂得规划的小决定，都会在孩子的心里生出一种稳妥的力量。这种力量，不是控制，而是自由中的自律。当他们逐渐习惯为每一次支出负责，内心也会慢慢建立起一种“我能掌控自己生活”的信念。未来的某一天，他们站在人生的十字路口时，或许不会慌张，不会随波逐流，因为他们早已习惯了为自己的选择负责。

生活是最好的课堂。理财，不只是数学题，更是一种人生观的启蒙。愿我们每一位父母，都是孩子走向“财富独立”的那盏温柔灯火，不催促，也不拔苗，只是在他们尝试管理的过程中，默默为他们点亮方向，静静守候成长。

我曾经辅导过一个六年级的男孩阿俊，他以前一拿到零花钱就花在“卡片盲盒”上，常常月底一分不剩。他妈妈试着改变策略，没有再说“你浪费”，而是引入“预算分配法”，让阿俊自己决定每周的用钱比例：多少用来消费，多少存入“梦想基金”，多少作为“应急小金库”。他们还一起做了张“花钱复盘表”，每周总结哪些支出值得、哪些是冲动。三个月后，阿俊成功攒下足够的钱买了一套喜欢已久的科学实验箱。他看着自己积攒来的“成果”，自豪地说：“这是通过我努力得来的，比别人送的还开心。”

最后，我想送给每位正在陪伴孩子理财的家长一句话：“教他们花钱，不是让他们成为什么富人，而是让他们成为有选择的人。”**会选择才是孩子一生中最宝贵的财富。**而我们真正的教育使命，也许就是把“选择的力量”交还给孩子自己。

家长分享

以前我总觉得孩子太小，没必要谈理财。读完这一节，我彻底改变了想法。理财不仅是“钱”的教育，更是“责任”与“选择”的教育。从零用钱的分配到“梦想存钱罐”的建立，每一个小决策，都是孩子自我成长的练习场。我们不应该替他们做决定，而是应该陪他们一起学会计划、衡量与承担。这种能力，才是他们一生的底气。

读后打卡

知行合一小任务	提示	是否完成
帮孩子划分零花钱用途并制定使用规则。	分“日常、储蓄、梦想”三类，明确零花钱数额与比例。	

转换沟通方式，平等协商电子游戏问题

许多父母为孩子沉迷网络游戏而焦虑不已，尝试过没收设备、强制限制等各种方法，换来的却是孩子的抵触、撒谎甚至愈发叛逆。这些强硬手段不仅没能让孩子远离游戏，反而让亲子关系陷入僵局。其实，比起单方面约束，与孩子平等协商、共同制定规则，才是破解困局的有效方式。

在一次育儿讲座结束后，我坐在角落收拾笔记本，一位妈妈悄悄走过来，轻声问我："老师，我是不是做错了？我家小熙，才 10 岁，已经沉迷于网络游戏。我没收了平板，他就偷偷找朋友借手机；我拔掉网线，他就变得很暴躁，甚至开始撒谎……我怕再这样下去，他会离我越来越远。"

我望着她满脸愧疚和焦虑，忽然想起了几年前在加拿大做家庭教育访学时的一次课堂观察。一位老师谈到孩子对电子游戏的依赖

问题时说："孩子沉迷，不是因为游戏本身太强大，而是因为现实世界对他来说太无趣、太不公平。"他顿了顿，接着补充道："我们不能让规则成为封闭的围墙，而应让它成为孩子参与的桥梁。"

那一刻，我意识到，孩子的世界正如春天里的溪水，越是被堵得严实，它越想冲破堤坝，寻找出口。而**平等协商，恰恰是我们与孩子彼此走向理解与信任的那道桥梁。**

小熙是我辅导过的一个典型案例。他聪明、敏感，内心有强烈的自我意识和求知欲，只是这份渴望被游戏世界的即时反馈与成就感填满了。他喜欢的是那种"通关"的快感，在那里，他可以自己做决定，有自己的节奏，不需要解释，不用看父母的脸色。

他的妈妈是一个特别尽责的人。她几乎尝试了所有"传统招数"：限制时间、没收设备、拔掉网线……可这些做法并没有让小熙离开游戏，反而让他离她越来越远。他开始说谎，偷偷摸摸玩游戏，不再愿意跟父母交流。这位母亲每天都活在矛盾和自责中，一边担心孩子沉迷游戏影响学习，一边又发现自己逐渐失去了与孩子之间的连接。

我请她尝试一种新的方式，我们称之为**"游戏协商共赢法"**。这个方法源于加拿大的一种家庭沟通理念，即在面对孩子的兴趣或欲望时，家长不居高临下，也不一味纵容，而是与孩子一起坐下来，**以平等的姿态讨论、制定规则。**

实施步骤：

第一步，共同定义问题。

不是只由家长提出"你沉迷游戏"，双方需陈述各自的困扰，例如，"我担心影响你睡眠"和"我只是想放松一下"。

第二步，双向提出期望。

鼓励孩子讲出自己希望怎么玩、什么时候玩，家长也提出自己的底线。

第三步，制定灵活协议。

以书面形式写下双方都同意的规则，留下可修改空间，让孩子参与命名或装饰协议本。

第四步，设立定期回顾日。

如每周六晚上进行回顾，讨论执行效果和调整意见，这一步尤为关键，强化责任感与合作意识。

我建议她选一个心情平和的傍晚，邀请小熙一起吃顿饭，不带责备，只负责聆听。在饭后，她如实表达了自己的担忧：“妈妈不是不让你玩游戏，而是想和你一起想个办法，让你既能享受游戏，也能好好生活。”

小熙一开始是拒绝的。他不信任母亲，觉得又是一场“审讯”。但当妈妈拿出纸笔说：“我们不吵架，我们来开个‘家庭小会议’，你来当主席。”小熙愣了一下，然后慢慢接过了那支笔。

他们一起**列出问题**：“游戏时间太长怎么办？”“作业总是拖延怎么办？”“周末可以玩多久？”“妈妈的担心是什么？”“我自己的希望是什么？”小熙开始学着站在妈妈的角度去理解问题，而妈妈也第一次听到孩子说：“我不是为了逃避学习玩游戏，而是放学回家觉得没有别的能让我开心的事情。”

他们约定每天只能玩一小时，但可以由小熙选择时间段；如果当天作业未完成或与父母争吵，自动取消游戏权利；每周六可以玩两小时作为“奖励时段”，前提是本周履行了所有约定。妈妈也承诺，如果小熙一整月遵守规则，他们会一起去游乐场作为庆祝。

更重要的是，每次协商后，他们会留下一个**“修订空间”**，也就是说，这份协议并非一成不变，而是可以被讨论、被修改的。这让小熙感觉，他是被信任的，是这个规则的参与者，而不是被动的执行者。

一段时间后，小熙不再对游戏那么执着了。他开始会分配时间做手工、画画，甚至主动约妈妈一起下厨。我问他为什么会有改变，他说：“我不是怕妈妈生气，我是怕自己破坏了我自己定下的规则。”

这是自我约束的开端，也是成长的真正标志。**孩子不是因为服从我们而变好，而是因为他学会了对自己负责。**这份责任感，是在一次次平等的协商、互相的尊重中慢慢培养起来的。

后来，小熙的妈妈告诉我，有一天她无意中看到儿子在帮同学整理作业安排表，还一边说：“你要先把重要的做完，才能安心玩游戏。”她忍不住红了眼眶，那个曾经令她焦虑的孩子，正在用自己的方式，把曾学会的“平衡”和“自律”，传递给身边的人。

心理学家阿尔弗雷德·阿德勒认为，人类所有的烦恼，都源于人际关系。而游戏，也不过是孩子在寻找归属感、价值感的方式之一。我们与其抗拒，不如共建规则，让它成为彼此了解、连接的机会。

我还记得那天辅导课的最后，小熙悄悄塞给我一张他画的小纸条，上面画了一张椅子，一边是妈妈，一边是他，中间写着：“我们是同一张桌子上的人。”

有多少家庭的矛盾，正是因为我们忘记了孩子不是对立面上的敌人，而是与我们一起坐在餐桌边，等待我们温柔聆听的伙伴。我们有的父母，在面对游戏这个问题时总想着去“打败”孩子的欲望，却忽略了，那些看似“不听话”的行为背后，是一个孩子在拼命寻找表达、掌控和归属感的努力。

“游戏协商共赢法”所提供的，不是一个管控技巧，而是一种看待孩子的方式——**不是把他当成问题来解决，而是把他当成一个完整的人，一个可以一起参与解决问题的人。**

在我的家庭教育课程中，我常常和家长们分享这段经历，然后温柔地提醒他们：“你可以放下手里的棍子，拿一把椅子，坐下来，看看你孩子的眼睛。”你会发现，那里面不只是叛逆和倔强，还有委屈、渴望和满满的对连接的需求。

我记得曾辅导过一位爸爸，他的儿子明明成绩不错，却沉迷于手机游戏，常常为此和父母争执不断。起初，这位父亲习惯用“命令”来控制孩子：“再玩就没收手机！”“你这是自毁前程！”但每一次争吵之后，孩子的叛逆情绪只会更强烈。后来，这位父亲尝试了我建议的“坐下来谈”的方法。他约孩子一起制定“游戏协议”：每周可玩几次、每次多长时间、完成学习任务后再解锁游戏时间。过程一开始并不顺利，孩子冷眼旁观、不信任地说：“你以前从没听我说过话。”但爸爸坚持每一次对话都不批评、不指责，只是表达自己的担忧，也认真听孩子讲为什么游戏对他那么重要。

渐渐地，孩子开始回应了。他说：“我玩游戏，其实是想让自己放松一下，不想每天都活得像考试机器。”父子之间有了第一次真正的理解与连接。几个星期后，孩子主动减少了游戏时间，把更多精力投入到了练吉他上。他说：“以前我用游戏逃避压力，现在我知道可以用别的方式调节自己。”

当你学会平等地与孩子协商时，其实也是在向他展示另一种人生模型：**原来，冲突可以不用争吵解决，欲望可以被讨论、被理解，而规则，是可以共同制定并彼此守护。**

这样的孩子，长大后不会被游戏所困，因为他已经学会了对自己负责。他会在生活的十字路口，知道什么时候该说“够了”，什么时候该继续前行。

愿每一位在电子游戏问题上焦虑不安的父母，都能尝试**放下控制的姿态，拾起信任的语言**。请相信，一个被认真对待的孩子，也会更愿意认真生活。游戏不是洪水猛兽，只要你愿意走进孩子的世界，用一颗平等的心去对话，那扇本来紧闭的门，会悄悄地为你打开。

家长分享

这节文字让我明白了，面对电子游戏，不是“禁”就能解决，而是“谈”才能靠近。过去我总以为控制是爱，现在我知道，协商才是信任的体现。那个和妈妈一起开“家庭会议”的孩子，学会了自我管理，也重新建立了与父母的连接。真正的教育，不是压服，而是唤醒。当孩子参与到规则的制定中，他们也就开始学会了对自己负责。

读后打卡

知行合一小任务	提示	是否完成
和孩子协商、制定游戏规则协议。	调整心态，倾听孩子想法，确定游戏时间等规则。	

第三章

· 成长型父母 ·

——超越原生束缚，自我修炼提升

第一节

回溯童年经历，反思汲取育儿经验

许多父母在育儿过程中陷入困惑与挣扎，明明不想重复自己童年时糟糕的经历，却不自觉地用曾经被对待的方式对待孩子。指责、批评脱口而出后又追悔莫及。其实，比起急于改变孩子，回溯自己的童年，完成自我疗愈，才是改善亲子关系的关键所在。

那是一个微凉的下午，阳光斜斜地从教室的窗子洒进来，铺在木质的地板上。育儿研讨小组会议正在安静地进行。我坐在圆桌的一角，望着眼前这群年轻母亲们，她们眼神里有焦虑，有希望，也有迷惘，我心里泛起一股温柔而又复杂的情绪。这些年来，我带着父母们一起走进他们自己的童年，然后再回头来关注他们孩子的成长，这个过程非常不容易，可也正因为不容易，它才充满意义。每一次父母的顿悟、每一次眼泪背后的觉醒，都是一次朝着理解与爱的深刻跨越。

那天，一位名叫阿琳的妈妈，鼓起勇气讲述了自己的故事。她说:“我小时候，爸爸很严厉，从不夸我。考了第一名，他只说‘下次别骄傲’，稍有差池，就会被训得泪流满面。长大后我以为自己早已不在意这些了，直到我发现，我对孩子也是这样：成绩好的时候我只点头一下，做错了就不由自主地批评，甚至声音都会拔高。我不想这样，可每次都像失控了一样……”

说这话时，她低下头，有些哽咽。那一刻，整个小组静得只听得见风吹过树叶的声音。没人嘲笑她，因为我们每一个人，或多或少都曾被自己的童年拉扯过。

童年的记忆就像藏在抽屉里的一封旧信，平时你可以假装忘了，但有时候，一个眼神、一句话，甚至一个孩子的动作，就会让你猛地把那封信翻出来，字迹已泛黄，但感受仍然真实而锋利。心理学里有一个词叫**“内在父母”**，是指**我们在成长过程中内化了父母的言行，等自己做了父母后，这些“声音”便成了我们对孩子的回应模板。**有时，我们以为自己在教孩子，其实不过是在重复儿时被对待的方式。

而这正是**“童年回溯反思法”**的初衷，即在育儿过程中，我们必须回头看看自己走过的那条路，看看是否有坑我们曾摔过、有刺我们曾被扎过，而今却不自觉地让孩子也重蹈覆辙。

在这个方法中，我鼓励家长**勇敢面对自己的童年。**不是责怪父母，而是从中提取经验，找到那些被忽略的感受，被掩盖的需求，以及未被满足的爱。因为一个清醒的大人，才能真正温柔地拥抱孩子。而一个能与小孩对话的大人，也更有能力成为孩子心灵的避风港。

实施步骤：

第一步，安静内观。

找一个安全安静的空间，闭上眼睛，回忆自己童年中某个具有情绪张力的片段。

第二步，与小孩对话。

在脑海中温柔地对小时候的自己发问："你害怕吗？你想被怎么对待？"

第三步，书写回应。

用日记的形式记录这段对话，尽可能写出自己当时的感受。

第四步，实际回应自己。

在现实生活中，以不同的方式照顾那个"当时的你"，无论是通过行动、语言或态度。

这种方法帮助阿琳**不只是回忆童年，而是与童年的"她"重新建立情感的连接，赋予她新的理解与回应。**

阿琳开始试着写童年日记。她记录了小时候被忽略的生日，记录了第一次考试没考好母亲冷冷的话语，也记录了那个下雨天，她独自站在教室外，被忘记接回家时的那种彻骨的孤独。她一边写，一边流泪，直到有一天，她告诉我："老师，我忽然明白了。我不是对孩子严格，是我小时候的'小阿琳'一直在害怕，她怕失败，怕被遗弃。现在我能看见她了，也许我就可以放过自己，也放过我的孩子。"

从那以后，阿琳开始尝试新的育儿方式。她学习心理学知识，开始读阿德勒、温尼科特，也听亲子心理播客。她说她不是为了变成完美妈妈，而是希望多一点儿觉察。当想发火时，她会先停三秒，问问自己："我现在是在回应孩子，还是回应小时候的自己？"她说，这个"三秒暂停"，是她送给自己和孩子最温暖的礼物。

渐渐地，她发现孩子也变了。原本有些胆小的儿子，开始更主动表达自己。有一次写错作业，他小心翼翼地告诉她，阿琳没有责骂，而是轻声说："妈妈小时候也常常被批评，你可以慢慢改，我们一起想办法。"孩子笑了，眼睛里那份信任，如同春天第一抹新绿，悄悄绽放。

自我反思，并不是一场自责的旅程，而是一场与自己和解的过程。我们不是要否定父母，而是在理解他们的同时，重新审视哪些方式可以保留，哪些需要修正。就像做饭，有些老菜谱已经不合当下的口味，我们需要微调，甚至创新，才能煮出属于这一代孩子的"家"的味道。重要的不是"复制"我们曾经的经历，而是用更有意思的方式去"重新编织"，给下一代一个更温柔的起点。

在我的育儿咨询中，不乏那些因为读了几本书、上了几堂课就急于"改变孩子"的家长。他们以为方法是万能钥匙，却忽略了，钥匙若插错了锁孔，是打不开任何心灵的门的。而"童年回溯反思法"教我们的，是先回到自身，认清那个曾经被期待、被忽略、被责难、也被爱的自己。当我们真正理解了自己的伤口，才不会在教育中不自觉地用自己的旧伤来影响孩子的成长。孩子的问题，往往不是我们想象的"教不好"，而是**我们自己内在尚未被看见的部分，正无声地延续着旧有的模式。**

我曾辅导过一位父亲林先生，他因儿子学习拖拉常常大发雷霆。他说："我明知道吼没用，但看到他磨磨蹭蹭，我整个人就忍不住爆发。"在一次个别访谈中，他回忆起小时候父亲严厉的目光，"只要一慢，我爸就说我'废物'，那种羞耻感像针一样扎在心口。"

他沉默良久，眼眶泛红。后来我们一起梳理了这段记忆，他才意识到，自己对儿子的愤怒，其实是对小时候那个总想“快点变好”的自己的现实投射。从那之后，他开始练习暂停情绪，尝试用鼓励代替指责。他惊讶地发现，儿子不仅配合多了，甚至开始主动和他分享学习计划。

有一次，我在小组课结束时说：“你们有没有发现，一个家庭真正的转折点，不是孩子做了什么，而是我们大人开始学习，开始改变。”我看见几个妈妈默默点头，有人眼眶湿润。那一刻我感受到，一旦父母的心开始转动，整个家庭的命运都会随之改变。**改变从不是巨大的口号，而是每一次愿意暂停、思考和自省的小小瞬间。**

写到这里，我忽然想起了我自己的一段经历。十几年前，我的女儿还小。有一次她不小心把我最爱的杯子打碎了，我冲她吼了一句：“你怎么总是这么不小心！”她站在碎片前，满脸委屈。我转身的一刻，心口却一阵刺痛——那一幕竟和我小时候被骂的场景如出一辙。那天晚上，我抱着女儿轻声道歉，说：“妈妈小时候也常常被说‘不小心’，其实那时候我也很想有人告诉我‘没关系，我们下次小心点就好了’。”

她没说话，只是静静地靠在我怀里。我知道，她原谅了我，也治愈了我。那一刻，我才真正理解：所谓“做父母”，不是扮演权威者的角色，而是学习在爱的关系中自我修复和成长。我们并不需要“完美”，但需要真诚，需要愿意改变的勇气。

教育，是一次双向成长的旅程。我们努力扶持孩子向前，也在过程中疗愈自己，重塑自我。当你开始愿意回望童年，你就不再是过去的延续，而是可以重新选择的成年人。请相信，那个曾经哭泣的小时候的你，终有一天，会因为你现在的觉察和努力，重新被温柔以待。而你温柔待自己，也就有能力温柔待孩子。

育儿从来都不只是改变孩子的过程，更是修炼我们自己的旅程。愿你勇敢回望，温柔修复，也在这个过程中，慢慢成为那个孩子最愿意倚靠的大人。**因为你在爱中改变的样子，本身就是孩子最深刻、最真实的榜样。**

家长分享

这一节让我深刻体会到，我们每个做父母的人，都是带着自己的“童年影子”在育儿。很多时候，我们以为是在教育孩子，其实是在重复被教育的自己。文中阿琳的故事让我动容，她从“控制”到“觉察”的转变，也让我明白了：育儿不只是向孩子发出爱，更是回头拥抱那个未被好好对待的童年时的自己。当我们疗愈过去，才能真正温柔地陪伴孩子走向未来。

读后打卡

知行合一小任务	提示	是否完成
回忆自己童年的片段并记录。	找安静空间，回忆重要经历，写下当时感受与想法。	

第二节

坦然接纳失误，与孩子共同成长

许多父母在疲惫与压力下，会忍不住对孩子发火斥责，发完火后又常会懊悔万分，类似的事情在无数家庭中反复上演。其实，比起完美无缺，敢于向孩子承认错误、共同反思改进，才是拉近亲子关系、给予孩子安全感的关键。

那天的春雨，连绵不绝，像极了一个人积压已久的情绪终于找到出口，一点点落下来。天阴得很，人也懒洋洋。我接待了一位年轻妈妈，她叫苏晓。她轻轻走进来，整个人像被雨淋湿的纸，皱巴巴的，眼神有点倦，她轻声说："老师，我昨天对孩子吼了……吼得我自己都怕。"

她讲起那一幕时，有些懊悔地低头望着指尖。那天傍晚，她刚结束一场冗长的线上会议，脑袋胀痛，肚子也饿，刚回到家，就看见客厅里一片狼藉。沙发被拆得七零八落，孩子正在兴致勃勃地

“搭建堡垒”。她忍不住就吼了：“你能不能消停一会儿？我辛苦一天回来是来看你搞破坏的吗？”

孩子怔在原地，眼眶泛红，手中还攥着一块抱枕。他没有吭声，只是默默收起了自己“未完工”的城堡。

苏晓说，她整整一夜都睡不好，脑子里反复回放那一幕。“我知道他只是想和我分享创意，可当时就是没忍住。”她声音发颤，满是懊悔。

我静静听着，没有打断她。因为我知道，很多时候，做父母的不是不知道对错，只是太累、太急、太想要做好，以至于忘了——我们也只是个凡人。

我告诉她一个方法，我称之为**“失误共担成长法”**。这是我这些年从观察和实践中总结出来的一种亲子关系修复方法，简而言之就是，当父母犯了错，不要羞于承认，而是像我们希望孩子那样带着责任与诚意勇敢地**道歉**，然后再邀请孩子一起**思考**今后改进的办法。

这是修复的开始，也是成长的转弯。

实施步骤：

第一步，勇敢道歉。

父母需要承认自己的错误，真诚地向孩子道歉。例如：“妈妈昨天不该对你发火，那是因为我自己很累，但这不是借口。”

第二步，反思原因。

在道歉之后，邀请孩子一起思考错误的原因，并探讨改进的方法。例如：“下次我能先冷静一下，告诉你我的感受，避免这样生气。”

第三步，共同解决。

与孩子一同讨论改进的方法，并共同设定一个目标。例如：“如果你下次要搭建堡垒，你可以提前告诉我，避免打扰我休息。”

第四步，持续行动。

持续观察并改进，让孩子看到父母通过实际行动实现自我调整，而不是仅仅停留在语言上。例如：“我会在下次疲惫时采取更温和的方式与你沟通。”

苏晓回家后，照做了。她主动走到孩子面前，说：“对不起，妈妈昨天不该冲你发脾气。那是因为我自己太累了，但这不是理由。你搭的堡垒很有创意，我想听你讲讲它。”孩子愣了几秒，扑进她怀里，像重新找回了失而复得的信任感。他柔声说：“那我下次搭之前，先告诉你一声，好不好？”

几天后，苏晓又来找我，这次她整个人轻松了些。她说那天的“修复”不仅让她和孩子重新靠近，还彻底转变了她的育儿理念。后来又遇到孩子闹情绪，她不再急着制止，而是蹲下来问：“今天你是不是也有点累？我们是不是都需要一些空间？”她发现，当她这样说的时候，孩子好像也学会了控制自己的情绪，更愿意配合。

在我们讲究“放手”的时代，很多家长把注意力都放在“如何放对方式、放对时间”，却常常忽略了一个细节：孩子之所以敢走出去，是因为家是个温暖、安全的地方。而这个“安全”，不只是来自规则和爱，也来自父母在面对自己失误时的态度。

我常说，成长不是一条平滑笔直的道路，它起伏波折，有时候我们需要带着孩子绕过沟壑，有时候也要在泥泞中牵着他蹚过去。

这正是“失误共担成长法”的深意所在：**与其苛责自己做不到完美，不如学会和孩子一起认错改进。让每一个失误都成为通往更**

深理解和亲密关系的入口。

在我长期接触的家庭中，我还曾指导过一个父亲，他性格沉稳，但情绪上来时，说话特别重。有次，他在孩子写作业拖拉时说："你以后就是这个样子，做什么都不会成功！"事后他非常懊悔，却拉不下面子向孩子道歉。我鼓励他做一件事——写一份"失误反思本"。

这本子就放在家中客厅，不藏不掖。他把那天的事情写了下来：自己是如何因为加班焦虑而口不择言，如何在说完之后自己心里像扎了针一样。他还写下了给自己的提醒："下次先深呼吸十秒。"写完后，他把这本子放到孩子书桌上，附了一句小纸条："爸爸今天情绪不好，说的话不对，希望你没太难过。"

孩子晚上把那张纸条贴在了书包上。第二天清晨，他走进厨房，对爸爸说："我知道你不是故意的，下次我也早点开始写作业。"

几天后，这位爸爸又在本子里写道："今天你主动写完了作业，我看见你专注的样子，特别开心。谢谢你没有因为我上次犯的错而疏远我。"这一次，是孩子写下了回应："我也谢谢您，每次您写下来，我就感觉我们像在聊天一样。"

渐渐地，那本"失误反思本"变成了家里的"共同成长记录本"，父子俩都会不定期写上几句，无论是成功的喜悦，还是犯错后的反思。他们在书写中学会了表达，也在表达中重新建立了信任。

心理学研究早已证实，父母能够承认自己错误，反而会增强孩子的安全感和共情能力。因为他们会从中学会理解：**人不是完美的，但可以努力成为更好的人。**而真正的教育，恰恰也在这些看似微不足道的片刻中展开。

我喜欢把亲子关系比作一座桥，我们既是建桥的人，也是行走在桥上的人。如果你愿意承认施工时的缝隙，并耐心修补它，你会发现这座桥，会越来越结实，越来越能承载两颗心的重量。

到最后你会发现，那些你曾以为无法挽回的错误，竟然成了你和孩子之间最深的连接。不是因为你没错，而是你有勇气面对错误。而这种勇气，正是孩子人生中最值得拥有的。**真正的父爱，从来不是无坚不摧，而是敢于放下姿态，牵起孩子的手，一起修补，一起成长。**

我曾指导过一个家庭，爸爸是一位工程师，习惯用逻辑和效率思考问题，对孩子的“慢吞吞”总是没耐心。有一次，他因为孩子早上穿衣磨蹭，情绪爆发，边穿鞋边骂：“你这点事都做不好，将来还能干什么！”孩子低着头，一句话没说。事后，爸爸非常后悔。那天晚上，他没有像往常一样沉默，而是走到孩子床边，说：“爸爸今天不该那样说你，爸爸有点着急，其实我知道你已经很努力了。”

孩子眼眶一红，轻轻问：“那你明天会等我慢慢穿吗？”爸爸笑着点头，说：“你可以慢慢穿，但我们提前 10 分钟起床，好吗？”他们约定一起改进的那一刻，就像在那座桥上共同补好了一个缝隙。

我们常常在教育中对孩子说：“没关系，错了可以改。”可反观自身，我们是否真的将这句话奉为圭臬，身体力行呢？孩子就像敏锐的观察者，他们时刻留意着我们的背影，留意着我们在生活琐碎中如何排解情绪，怎样直面自身的脆弱与不完美。倘若我们愿意向他们坦陈情绪背后的隐衷，在情绪失控发火后能主动给他们一个温暖的拥抱，愿意承认那一句“我错了”，长此以往，孩子也会在潜移默化中渐渐领悟：**原来，温柔并非软弱无力的代名词，它同样可以蕴含直抵人心的强大力量。**

所以，请不要害怕你在育儿路上的笨拙与失误。比起完美的父母，孩子更需要一个真实、愿意成长的大人。

家长分享

这一节让我认识到，原来父母并不需要完美，而是需要有勇气承认错误，与孩子一起成长。苏晓的故事让我感动，那一声“对不起”不是软弱，而是最深的爱。我也曾在育儿中犯错，看完这节，我更有勇气对孩子说：“我们一起变得更好。”教育是双向的，在共同成长中，彼此关系会更深，信任更稳。

读后打卡

知行合一小任务	提示	是否完成
若自己犯了错，用“失误共担成长法”处理。	真诚道歉，邀请孩子找原因、想办法，共同解决问题。	

第三节

坚持学习育儿知识，拓宽教育视野

许多父母即使有意识地努力控制自己的情绪，可仍会在孩子不听话时情绪失控，事后陷入深深的自责之中。她们拼尽全力，却总觉得力不从心。其实，不是你不够用心，只是方法有待更新。育儿需持续学习、更新认知，才能跟上孩子成长的步伐。

那天，我在一家社区图书馆里做育儿讲座，主题是“家长的学习力决定孩子的成长力”。讲完后，一个穿着简洁的妈妈在人群散去后，悄悄走到我面前。她叫林蔓，已是三个孩子的母亲，孩子中最小的 5 岁，最大的已经上初一。

她说：“老师，我不是没努力过，我买了很多育儿书，也试着跟孩子讲道理，控制情绪，可还是会忍不住吼，还是经常无所适从，是不是我不够聪明？”

她眼底浮现出一丝慌乱的神色，那种“做得再多也怕不够好”的不安，我其实在很多妈妈眼里都见过。她们白天在单位里如履薄冰，下班回家后又变身“万能超人”，但当孩子一句“我不想写作业”脱口而出时，便让她们瞬间破防，情绪爆发。事后，她们会陷入焦虑、内疚，甚至怀疑自己的全部价值。

我看着她，轻声告诉她一个我反复强调的观点：“你不是不够聪明，而是你在学习上不能够持之以恒。**育儿这件事，不是一场临时考试，而是一场长跑，是一场持续‘知识更新’的旅程。”**

育儿不是靠一两本畅销书就能完全掌握的，它太深、太广，也太因人而异。就像孩子在一天天长大，变得更复杂、更独立，作为父母的我们，也得一天天地进化，像电脑系统一样更新版本，清理旧缓存，升级认知，优化方法。

我给林蔓介绍了一个**“知识迭代赋能法”**。这个方法并不复杂，就是鼓励家长像管理一个小型项目那样管理自己的学习路径。

实施步骤：

第一步，设定每月一个育儿学习主题。

例如情绪管理、亲子沟通、规则设立等。

第二步，围绕主题选择学习资源。

如书籍、讲座或播客，并安排固定学习时间。

第三步，将所学内容应用到实际亲子互动中。

用笔记或语音记录观察到的反馈和变化。

第四步，每月进行一次复盘。

梳理收获与困惑，并调整下月计划。

要注意，学习不是目的，内化和应用才是关键。**学习者需要把这些新知识带回家庭，和丈夫、孩子分享，讨论适合他们家的用法。**就像给家庭这棵树注入新鲜养分，让这棵树一点点被滋养，慢慢生根开花。

林蔓起初不太自信。她担心自己时间不够、理解能力差、记不住复杂的理论。但我告诉她，“学习”不是为了让你成为专家，而是为了让你在面对问题时，不再只有“忍一忍”或“吼一吼”两种选择，而是有更多思路和方法。

我们约定，她从最简单的一步开始——每天挤出半小时，一个月读一本育儿书。她读的第一本书是《正面管教》。她跟我分享时说，看第一章时就哭了。“原来不是我一个人会崩溃，也不是只有我吼完孩子后会悔恨。”她开始理解孩子的行为背后，其实是未被看见的情绪和需求。

第二个月，她听了一场关于“儿童发展敏感期”的讲座。她终于明白，为什么小女儿总爱问“为什么”，问得她头疼，但那其实正是孩子语言爆发的黄金时期。她不再烦躁，而是开始准备“提问卡片”游戏，让孩子的好奇心变成家庭里的小风景。

到了第三个月，她开始主动带着老公一起听线上分享。他们讨论怎么设置家庭规则，怎样避免用“惩罚”而是用“自然后果”来引导孩子。她告诉我：**“我们以前总觉得教育就是妈妈的事，现在才知道，爸爸也得参与学习，孩子的成长，是全家的功课。”**

她甚至还专门买了一个笔记本，记录每次学习的体会，写下孩子的反应，分析哪种方法更适合。她说这本“育儿成长手账”，已经成了她的精神支柱，哪怕一天只写三五句话，也像是给自己打了一针温柔的强心剂。

最打动我的是，她不再只把孩子的成长看成自己的“绩效”，而是开始看到，自己也可以被培养，也可以跟着孩子一起成长。

我常常跟家长说，我们这一代人，普遍是“边摸索边做父母”的一代。我们没有太多可以复制的模板，也无法单靠经验照搬。但幸运的是，我们有资源，有知识，有机会重新学习。问题不是你有没有空，而是你有没有意识到：**父母这个身份，需要不断进修，才能胜任。**

心理学上有一个概念叫 **“成长型思维”**，意指 **相信能力是可以通过努力和学习提升的。**把这个理论放在育儿里，就是告诉我们：当孩子成长得越来越快，父母也要不断迭代，更新认知，拓宽视野，否则我们的经验可能在不知不觉中，变成孩子前行的障碍。

“知识迭代赋能法”不是技巧堆砌，而是视野更新。每一次学习，都是一次向孩子靠近的努力；每一次思维的扩展，都是一次成长的跃迁。

而林蔓的变化，不仅影响了她自己，也深深影响了她的孩子。有一次，孩子在学校被同学嘲笑，情绪很低落。她没有急着去批评那个同学，也没有直接安慰“没事的”，而是说：“你想不想一起画一张‘情绪图’，看看今天心情起伏在哪里?”她从一本关于情绪管理的书中学到了这个方法，当她拿出彩笔和孩子一起涂鸦时，那个小小的情绪世界，也被慢慢安抚下来。

有位妈妈在我的育儿课堂上曾这样说：“我以前总以为，做父母靠的是本能和爱，后来才发现，原来爱也需要学习。”她叫王莹，是两个孩子的母亲。曾经，她总觉得孩子“听不懂道理”，总是批评、催促、控制，结果和孩子的关系越来越僵。

直到她开始系统学习育儿知识，接触到简·尼尔森的《正面管教》，才意识到：**所谓“孩子的问题行为”，背后其实是“未被满足**

的需求”。她开始尝试用鼓励代替指责，用共情代替命令。渐渐地，孩子愿意沟通了，也更自律了。

我还记得她曾分享过一个细节：有次小儿子在超市里嚷着要买糖，她原本要脱口而出“你再闹妈妈就不理你了”，但她强忍住，蹲下来对孩子说：“我知道你很想吃糖，但我们约好晚饭后才能吃，对吗？你愿意帮妈妈一起选今晚的水果吗？”孩子眨了眨眼，点头答应了。这是她学习之后，第一次真正感受到“原来孩子真的能理解，只是我们需要换个说法”。

不学习的父母，总是急于表达和控制；而持续学习的父母，懂得倾听、理解和共同成长。**坚持学习育儿知识，不是为了成为“完美父母”，而是为了拥有更多“看见孩子的方式”。**

教育的路上，没有一成不变的答案，只有不断更新的视野。因为，当你愿意成长，你就已经在用最佳的方式影响孩子。正如那位妈妈后来说：“我变了，孩子也就懂了。”

写到这里，我想起一句话：**“父母真正给孩子最好的，不是房子、补习班、玩具，而是一个不断成长的自己。”**是的，一个愿意为了孩子，也为了自己去学习、去精进、去突破桎梏的父母，本身就是孩子一生最宝贵的榜样。

一个周六的上午，我在举办一场小型的父母成长课堂。课后，一个年轻的爸爸王先生拉住我，脸上写满疑惑：“老师，我儿子每天都要抢玩具、哭闹不休，我是不是态度太和善了？该不该更强硬一点儿？”

我请他坐下，给他讲了一个故事。

有位妈妈带孩子去公园玩，看到孩子不愿将自己的玩具借给其他小朋友玩，于是大声批评：“你怎么又不懂分享？”之后，孩子越来越抗拒出门，也越来越怕妈妈的眼神。后来，她在育儿书里学到，分享并不是3岁孩子的必备技能，而是需要通过模仿、等待、理解来逐渐建立的。于是她改变策略，不再急着批评，而是陪孩子一起观察别的小朋友如何轮流玩耍，用游戏的方式练习等待。几个月后，孩子竟主动把玩具递给同伴。

王先生听完，若有所思："原来问题不是孩子'不行'，是我对成长的节奏了解太少了。"

是的，坚持学习育儿知识，不是为了做完美的父母，而是让我们拥有更多理解、更多方法，少一些责备，多一些耐心。愿我们不因一次错误否定自己，也不因一时疲惫放弃精进。愿我们在不断学习的路上，看见更广阔的世界，也成为更好的自己。

家长分享

这节内容让我意识到：做父母不是靠直觉和经验，而是需要持续学习。林蔓的成长让我看到，只要开始行动，每天一点点，我们都可以成为更好的自己。那本"育儿成长手账"的故事特别打动我，记录的不只是知识，更是一份对孩子、对家庭的责任。学习让我们不再焦虑、迷茫，而是有更多理解和方法，陪孩子走得更远，也让我们在做父母的路上不再孤单。

读后打卡

知行合一小任务	提示	是否完成
设定"亲子沟通"主题，学习并记录心得。	记录心得时，写下如何应用到和孩子的沟通中。	

遇怒火先自控，做情绪稳定的家长

不少父母在育儿时常常陷入情绪失控的困境。孩子稍一磨蹭、顶嘴，家长的怒火便瞬间爆发，事后满心懊悔。这种暴躁的处理方式不仅伤害父母与子女间的关系，还会让孩子也习得同样的情绪表达方式。其实，学会科学的情绪管理方法，才能更好守护孩子成长。

那是一个傍晚，天色还未全暗，城市的灯却早早亮了。我刚结束一场亲子关系的线下沙龙，准备收拾东西回家。一个身影悄悄走了过来，是我多年前的学员徐然，她如今已是两个孩子的妈妈了。

她坐下来，把背包搁在脚边，低头轻声说："老师，我这次是真的控制不住了，早上对着我儿子吼了整整 5 分钟。他只是吃饭磨蹭，结果我像一头失控的狮子一样，把他从餐桌吼到了厕所。"

她的眼中泛着泪，像被洪水淹没过后的河岸，情绪低落。我拍拍她的手，给她倒了杯温水，让她慢慢说。

她告诉我，这不是第一次了。孩子一慢吞吞，她就焦躁不安；孩子顶嘴，她情绪立刻炸裂。她说，她从来没想过会变成“这样”的妈妈。以前她以为自己是温柔的，是理性的，可是孩子似乎打开了她身体里一扇从未注意的门，门后是巨大的怒火，是无法预测的暴躁，是让她自己都感到陌生的模样。

我没有责备她，只轻轻地说了一句：“其实我们每个做母亲的，都站在怒火的悬崖边上，只是，有的人学会了在跳下去之前，先把自己拉回来。”

在育儿路上，父母的情绪像是一面镜子，孩子总是照着模仿。**我们怎么对待自己的情绪，孩子就怎么学着处理他的情绪。**如果我们在生气时摔门、吼叫、冷暴力，孩子就会以为情绪只能靠爆发来表达。但如果我们能在情绪来临时，拉住自己，用一种更温和的方式表达，他就能学会，原来情绪也可以温柔处理。

我给徐然介绍了一个实操方法，叫作**“怒火暂停缓冲法”**。这套方法简单，却无比实用。

实施步骤：

第一步，暂停发怒。

当你感觉怒火正在上升，比如，说话语调变高、心跳加快、手心出汗，这个时候不要马上回应孩子，也不要急着去解决问题，而是做一件事：暂停。像电视遥控器上的暂停键那样，给自己 10 秒钟。深呼吸，不是为了压抑情绪，而是为了给自己一点点时间，把理智找回来。

第二步，暂时离开那个情绪爆炸点。

你可以告诉孩子："妈妈现在需要冷静一下，我们待会儿再说。"然后走开，哪怕只是进洗手间洗个脸、走去阳台看一看天。

第三步，建立"冷静角"这个小空间。

在家里找一个安静角落，放个靠垫、几个绘本、一个沙漏计时器。这个角落，不是"惩罚角"，不是让孩子反省的，而是情绪的缓冲区。当我们或孩子情绪上来时，都可以自愿走进那个角落，让情绪缓和下来，心跳慢下来，语速也慢下来。

在后续的几次指导中，徐然真的为自己和孩子各设置了一个"冷静角"。她在角落里放了一本笔记本，写上"我现在很生气，但我会慢慢变好"，又添了一盏柔光小灯，每次情绪失控前，她就走进那个小空间，坐 5 分钟再出来。

三个月后，她带着孩子再来见我，男孩笑得腼腆，身上多了一份安定的光。他说："我现在知道妈妈生气时不是不爱我，而是她也需要时间冷静。"

后来，徐然跟我分享了一件让她鼻子发酸的小事。那天清晨，她又因为睡过头而手忙脚乱，早餐还没端上桌，孩子就不小心打翻了牛奶杯。她下意识想要吼出来，却在那一瞬间停住了，她转身，走进"冷静角"，深呼吸 3 次。5 分钟后，她回到厨房，一边擦拭桌面一边轻声说："没关系，下次我们一起注意。"她原以为孩子会内疚或害怕，没想到儿子走到她身边，认真地说了一句："妈妈，谢谢你没骂我。"

那一刻，徐然忍不住眼眶发热。不是因为孩子说了"谢谢"，而是她突然明白，**原来控制情绪并不是放纵孩子，而是保护关系。**孩子不是不懂，只是他们更需要榜样。她的每一次暂停和修复，孩子都在看，也都在学。育儿的意义，从不是让我们做“完美的父母”，而是教会我们如何在人性最真实的边缘，依然选择温柔和连接。那盏“冷静角”的小灯，也悄悄照亮了母子之间最深的爱意。

我听完后，也几乎想落泪。我们一直都在教育孩子要情绪稳定，可往往忽略了：**我们自己，才是他们情绪管理的启蒙老师。**

心理学上有个概念叫**“情绪调节力”**，**它不是不生气，而是在生气时还能不失控地选择反应方式。**人的大脑中，有一个叫杏仁核的部分，它负责处理情绪威胁。当它被过度激活时，我们容易变得冲动，但大脑的前额叶皮质，是理智所在，可以让我们暂停、思考、权衡。

“怒火暂停缓冲法”的设计原理，就是给前额叶一点儿时间，把情绪接管权从杏仁核手中抢回来。这就像情绪的灭火器，不是不让点火，而是让它别把房子烧掉。

我曾经走访过一个四口之家，妈妈在家中设立了一个非常有创意的“家庭情绪红绿灯”机制。厨房墙上贴着三个颜色的牌子：绿色代表“心情不错，可以沟通”；黄色代表“情绪波动，需要保持安静”；红色则意味着“情绪临界，需要个人冷静空间”。当妈妈感到烦躁或情绪紧绷时，她会主动举起黄色或红色的牌子。全家人，包括两个孩子，都明白这不是拒绝，而是一种提醒：此刻需要空间，而不是争执。孩子有时也会使用这个系统，比如写作业压力大时举起黄色牌，父母便会暂停催促，给予理解与支持。

这个机制不仅帮助他们减少了家庭冲突，还培养了孩子对情绪状态的感知和表达能力。**情绪红绿灯像是一种“家庭共识”，让所有成员学会彼此尊重，也为爱和理解留出了喘息的空间。**

你看，情绪管理从来不是天生的，是一点一滴练出来的。孩子需要练，父母更需要。

很多家长问我：是不是做情绪稳定的家长就代表不再发火了？

我告诉他们，不是。我们是人，不是机器。会有委屈、会有失控、会有筋疲力尽的那一刻。关键是，在这些时刻，**我们有没有能力为自己的怒火设一道缓冲带，让伤害降到最低。**

而每一次我们成功管理住自己的情绪，其实就是在孩子的心里种下一颗种子。这颗种子叫“我也可以控制我自己”。将来他站在自己的朋友、伴侣、孩子面前时，也能在情绪来临的那一刻，不去伤人，不去推开爱的人，而是学着安放自己，也安抚别人。

所以，当你感到情绪要爆炸时，请记得按下“暂停键”；当你难以控制时，请允许自己暂时离场；当你不断练习这些方法时，你不仅是在教育孩子，更是在塑造一个更温和、更有力量的自己。

家长分享

这一节让我深深反思了自己的情绪管理。文中“怒火暂停缓冲法”和“家庭红绿灯”制度给了我非常实用的灵感。我意识到，孩子最需要的，不是一个不生气的父母，而是一个知道如何面对情绪的榜样。控制情绪，不是压抑自己，而是为了更好地保护孩子和我们的关系。从今天起，我也要学会为自己按下“暂停键”，在风暴中练习温柔。

读后打卡

知行合一小任务	提示	是否完成
在家建“冷静角”，和孩子一起布置。	选角落，依孩子喜好放靠垫、绘本等，打造属于孩子自己的避风港。	

以自身良好行为，为孩子树立榜样

不少父母都为孩子的教育问题头疼不已，他们苦口婆心地讲道理、设置奖励，甚至发火，孩子却依然不愿配合。当孩子反问“你为什么不这么做”时，家长往往哑口无言。其实比起一味说教，父母以身作则才是最有效的教育方式，能在日常中潜移默化地影响孩子的行为习惯。

那天是周五，傍晚六点半，我刚结束一场线上讲座，正准备把窗户关上，凉风却轻轻卷起书桌上的几页纸，那是我白天咨询时记录的一则案例。

当时一位年轻妈妈发来了信息：“老师，我每天晚上都让孩子读书，可他就是不愿意。我讲道理、贴奖励表甚至发火，可效果都不好。他总问我：‘妈妈你为什么不读书？你只玩手机。’我一下子就无言以对了。”

当时看到这里，我久久没有回话。不是因为找不到应对方法，而是心中升起一种熟悉的、带着点疼的感慨。我们常常忘了，**教育并非说教，而是示教；父母不是演讲者，而是榜样。**

这位妈妈是在听完我一场关于“榜样行为对孩子成长的影响”的讲座后，决定尝试改变的。她告诉我：“那天听您讲到‘孩子不会听你说了什么，但一定会看你做了什么’，我突然觉得，我是该把手机放下了。”

于是，她开始每天晚上七点关掉手机，拿起一本书，坐在沙发一角默默阅读。刚开始孩子只是好奇地看她一眼，但几天后，孩子也拿着图画书悄悄地坐到她的身边。他们没有再为“读不读书”争执，而是在彼此的陪伴中，自然建立起阅读的氛围。一个月后，她发来消息：“老师，现在是他提醒我别玩手机，说‘我们该读书了’。”

我在陪伴这么多家庭的过程中，越来越坚信一个理念：**榜样教育，是所有教育方式中最温柔却最具有穿透力的。**真正的育儿，不是“我要你怎么做”，而是“我就是这么做”。

我曾走访过一个家庭，男、女主人都是普通的人民教师。他们没有刻意设计育儿计划，也不常给孩子讲“大道理”。但他们家有一个特别的晚间仪式：每天九点半，一家三口准时洗漱完毕，窝在客厅的书角，各自选一本书，静静地看上 30 分钟。

那是我见过最朴素却最深刻的“亲子共读”。没有任何强迫，没有条条框框的阅读打卡，只是父母用行动告诉孩子：**读书，是一种生活方式。**

我问那个 7 岁的小男孩：“你为什么喜欢读书？”他一边翻书一边说：“因为爸爸妈妈也喜欢。他们说，每本书都像一扇门，门后有新世界。”

是的。孩子不会只听我们讲了什么，更会观察我们做了什么。

父母在日常生活中看似不起眼的举动，都会对孩子的行为习惯产生影响。

这里，我提一个实操方法，叫作**“榜样引领默化法”**。这个方法的核心**不是对孩子反复强调什么行为是好的，而是让这些“好”自然地活在父母的每一个动作里、习惯里。**

实施步骤：

第一步，树立明确榜样。

父母应明确自己想要传递给孩子的行为标准。例如，想让孩子养成良好的阅读习惯，父母自己应当是阅读的积极参与者。

第二步，日常行为自觉示范。

通过日常生活中的行动，给孩子展示这种行为。例如，父母可以每天晚上坚持读书或进行其他积极的活动，孩子自然会模仿。

第三步，建立积极互动。

在父母与孩子互动时，尽量让孩子感受到自己的行为是自然流露的，避免强迫或过多说教，让孩子在模仿中获得自主性。

第四步，保持持久一致性。

榜样的力量需要持续和真实的展示，不必事事完美，但应尽量保持一致性，让孩子看到父母日常的自我管理和自我提升。

我们为什么强调父母要以身作则？**心理学研究早已指出，儿童的行为模式，大部分是在模仿中建立的。**他们模仿父母的语言节奏、饮食习惯、情绪反应方式，甚至是走路的姿态。所以，当你希望孩子有耐心，你就要先学会在他犯错时保持耐心；当你希望他乐于助人，你就要在日常中去参与公益、伸出援手；当你希望他身体健康、作息规律，你就得自己早睡早起、坚持锻炼，而不是嘴上说“要多运动”，手里却抱着手机刷到深夜。

我记得还有一个咨询案例，一位单亲妈妈名叫林婷，生活压力大，孩子常常顶嘴不守规矩，她一度情绪失控。但她没有放弃，而是从自己做起。她每天清晨六点起床，在小区跑步半小时，坚持写晨间日记，晚上做饭时打开轻音乐，边做边念叨当日自己做的三件有意义的事情。

孩子一开始只是冷眼旁观，后来逐渐开始跟着跑步、写日记，甚至试着做饭。林婷感慨地说：“我没逼过他做这些，他就像看着我在一面镜子里生活，然后慢慢决定自己也照着镜子动了起来。”

榜样，是最温柔却最坚定的教育。我们不是站在讲台上的老师，而是在厨房、书桌、晨曦中，用自己的习惯和态度，潜移默化地影响着孩子的一生。

“榜样引领默化法”的核心，不在于做得多完美，而在于持续和真实。你不用每天都像圣人，也不需要事事无瑕，但你可以每天比昨天更有方向感。哪怕只是每天做一件正向的事，让孩子知道，**成长的力量，来自点点滴滴。**

孩子是我们生活的影子。他们不听我们怎么说，而是学我们怎么活。你若热爱阅读，孩子自然会把书当朋友；你若乐于锻炼，他也许就爱上锻炼；你若每天坚持努力，孩子便不会惧怕拼搏。

有一个家庭，父亲是建筑师，母亲是护士。家里没有太多规矩，但有一个很重要的原则：父母从不当着孩子面逃避责任。无论工作多累，他们从不敷衍家务、不抱怨生活。他们会轮流下厨，一起收拾餐桌，即使深夜下班，妈妈也会抽空和孩子聊聊当天的心情，哪怕只有 10 分钟。爸爸则坚持每周和孩子一起做一次家庭预算，让孩子参与决策和计划。他们的孩子初中时就能独立制订学习计划、主动承担家务。他说："我爸妈那么努力，我也不能随便放弃。"

真正的榜样，不是把自己捧得多高，而是在真实中活出让别人值得效仿的样子。

我曾接触过一位单亲妈妈李姐，她在医院做夜班护士，生活压力大到喘不过气来。但她从不把辛苦当作怨气宣泄在孩子身上。每天清晨下班回家，她都会花半小时陪孩子吃早餐、聊聊学校里的趣事。她从不掩饰自己的疲惫，反而会对孩子说："妈妈也有累的时候，但再累，也要尽力把今天过好。"

有一次，孩子因考试成绩太差在学校被老师批评，情绪低落。李姐没有责怪孩子，而是带孩子去公园散步，一边走一边说："我小时候也被老师点名批评，那个时候特别难受。但后来我学会了听进去一半，反思一半。"那天晚上，孩子默默把错题重新做了一遍，还给妈妈倒了一杯水，说："您也累了一天，歇会儿吧。"

李姐没有用任何大道理教育孩子，却在点滴真实的生活中，活出了努力、坚韧与温柔并存的样子。她不完美，但踏实与诚恳，这就是孩子最好的"人生课本"。

我们做父母的，终究不是塑造孩子的雕刻师，而是引路人。我们不能决定孩子最终走向哪里，却可以选择每天用怎样的态度陪他们走一段路。

家长分享

这一节让我明白，孩子不是听我们怎么说，而是看我们怎么做。那个因为妈妈每天读书而跟着模仿阅读的孩子，让我非常触动。我曾经也一边看手机，一边喊孩子写作业，现在才明白，那样的言语是空洞的。榜样的力量，是润物细无声的影响。从今天起，我也要重新审视自己的生活方式，为孩子树立榜样，为他指明成长的方向。

读后打卡

知行合一小任务	提示	是否完成
每晚固定时间和孩子一起阅读。	定好时间、地点，选适合孩子的书。	

第四章

雕琢时光

——携手探寻生活宝藏，点亮成长微光

第一节

周末同赏电影，分享观影感悟

许多家长一到周末就为孩子的安排发愁，既担心孩子沉迷游戏，又不知如何高质量陪伴。强迫孩子学习效果不佳，放任不管又不放心。其实，陪孩子看电影并交流心得，就是一个简单又有效的方法，能在增进亲子关系的同时，培养孩子的思考能力。

每逢周末临近，我总会收到一些家长的信息，问我："老师，孩子放假了，除了写作业，还能做些什么？既能陪伴他，又不至于让他沉迷游戏？"我总是笑着回一句："陪孩子看部电影吧，但记得，看完后一定要聊聊。"

这个建议，源于我曾走访过的一个家庭。在杭州，有一对夫妇，丈夫是纪录片导演，妻子是小学语文老师。他们有个 10 岁的女儿，名叫果果。

那是一个初夏的午后，我第一次走进他们的家，就被客厅里整整一面墙的影碟和书籍吸引了。桌上几张写满笔记的“观影卡片”，记录着他们每周一次的“家庭电影日”：一家人一起观影，然后围坐交流，就像朋友间的沙龙，轮流说出各自的观点。

那天，他们刚看完《寻梦环游记》。女孩果果略带羞涩地说：“我觉得米格的奶奶很固执，但她其实是因为害怕失去家人。这个角色让我想到外婆，她也不太愿意我去学唱歌，但我现在能理解她了。”妈妈听后点点头，轻声补充：“家庭的牵绊，有时候是阻力，但也是动力。重要的是，我们能不能看到背后的原因。”

那一刻，我被深深打动。那不仅是一场观影，更是一场走心的对话，是一次思维的碰撞，也是一段亲子关系的滋养。

我把这种做法称为**“光影思辨交流法”**。它的核心不在于看了多少部电影，而在于每一次观影之后，是否引发了一次真实的、深入的、温暖的交流。

实施步骤：

第一步，选择富有深度和哲理的电影。

注意所选影片中的角色或情节是否有引人沉思之处。

第二步，在观影前先了解。

先与孩子讨论影片的预告片和基本信息，引发孩子的兴趣和思考。

第三步，观影后，设定一个“家庭演讲台”。

让每个家庭成员分享自己最喜欢的片段和理由。

第四步，引导孩子。

分析角色的行为动机、选择和成长历程，让孩子用自己的语言表达感悟和思考。

心理学上有一个很重要的能力，叫**“批判性思维”**。**它不是批判别人，而是一种深入、缜密、有逻辑的思考方式。**它帮助我们在复杂世界中保持清醒，而电影，正是孩子培养这种能力的极佳媒介。

比起枯燥的说教，电影用画面与情节，将复杂的情感与人性浓缩在一两个小时里。而家庭的“观影时刻”，则是父母引导孩子走向更高层次思维的黄金机会。

我通常建议家长提前挑选影片，最好是有深度、角色立体、适龄又富有哲理的故事。观影前，可以和孩子一起看预告片，提出几个轻松有趣的问题，比如：“你觉得主角会遇到什么挑战？”“如果你是他，你会怎么选？”让孩子带着问题去看，更容易激发思考。

观影后，每人轮流说出最喜欢的片段、角色和理由。大人无须讲大道理，也不用纠正孩子的看法，而是做个好听众，引导他表达，尊重他的思考。

比如，孩子说：“我觉得反派很酷。”家长不需要立刻否定，而可以回应：“你觉得他哪里酷？如果你是他，会怎么做？”这一问一答之间，就是思维的训练、价值的塑形。

当然，也有家长告诉我：“我们家孩子不愿意说，看完就走人。”这很正常。思维的“肌肉”，和身体一样，是练出来的。

我辅导过一位妈妈王女士，起初她儿子看电影总是没什么兴致，看完也只说“还行”，无法继续对话。她沮丧地想放弃，但在我的建议下，她改变了方法——**自己先写观影日记。**

她从《小鬼当家》写起，把小时候独自在家害怕的经历、成长后的理解都写了进去，然后把日记贴在冰箱门上。没想到孩子第二天自己拿下来看了，还写下一句回话："我也怕一个人在家，但我想试试看。"

从那以后，他们不再是"问与答"的单向教育，而是**"示与感"**的双向交流。孩子从开始只写两三句感想，慢慢发展成写一整页。

在成都，我还辅导过一对职业是设计师的夫妻。他们将"家庭电影日"制度化，每月设立一个小主题，比如"勇气""亲情""成长烦恼"，每周挑一部和主题相关的电影观看并进行观后感交流。孩子在他们的影响下，开始制作"小电影评论卡"，贴在卧室门后的影评墙上。

有一次看完《奇迹男孩》，孩子写道："我们不能只看别人脸上的'特别'，要学会看见心里的勇气。"那位妈妈红了眼圈："这一刻我知道，这些看似简单的家庭仪式，其实正在悄悄塑造他**看待世界的方式**。"

很多人问我："这种思辨方式会不会太高级，小孩能懂吗?"我常说：**"孩子远比我们想象的有智慧，他们只是缺少一个可以表达和被聆听的机会。"**

电影提供了一种柔软的情境，让他们有机会体验别人的人生，在这个"半现实"的空间里，孩子更容易代入角色、表达情绪、连接生活。

"光影思辨交流法"并不是让孩子变得"会讲道理"，而是引导他们逐渐"学会思考"。**从角色身上找到自我，从对话中构建价值，从讨论中养成判断力。**这些看不见的成长，是他们未来人生道路上最重要的底气。

所以下个周末，不妨关掉手机，挑一部好电影，与孩子一起观看。看完之后，别急着收拾碗筷，先说说你的感受，再听听他的想法。你会发现，虽然电影结束了，但沟通，才刚刚开始。

我自己的儿子小的时候，我们每个周末都会一起看电影。他曾因为看《千与千寻》而对“名字”的意义产生兴趣，反复问我：“妈妈，为什么她被改了名字后就快忘了自己？”我们由此展开了一次关于“身份”的深夜长谈。那是我记忆中最温柔的一次亲子对话。

后来，又有一次我们看《机器人总动员》，影片结束后他认真地说：“妈妈，如果地球真的变成垃圾场，我们该怎么办？”他开始翻找书架上关于环保的书，又主动和我商量在家做垃圾分类。从那以后，他每天出门前都会看一眼天气，“妈妈，今天是不是雾霾？我们少开车吧。”那一刻我意识到，一部电影，不只是故事，它还可能成为一个孩子认知世界的起点。

还有一次，在看《哪吒之魔童降世》时，他突然问我：“人真的可以不被出身决定命运吗？”他坐在那儿，皱着眉头，神情认真又笃定。我没有给他标准答案，只问他：“你觉得哪吒靠什么改变了命运？”他沉默一会儿，说：“他一直在努力，也有人相信他。”那天晚上，他主动写下一段话贴在书桌前：**“我也可以做自己命运的英雄。”**

电影结束，灯还亮着，茶还温热，父母与孩子的心在那一刻贴近了。不是所有的教育都需要课堂，也不是所有的成长都写在成绩单上。有时候，一部电影，一次坦诚的对话，足以在孩子心里种下一颗思想的种子。

愿你也能在周末的光影之间，找到和孩子心灵交汇的时刻。那时你会发现，教育，不是“告诉他怎么想”，而是“陪他学会思考”。

在这个快节奏、信息爆炸的时代，我们不需要孩子什么都信，而**希望他们有能力去分辨**；我们不希望孩子只听从命令，而更**希望他们拥有自己的声音**。

家长分享

电影不只是娱乐，更是一座沟通的桥梁。曾经我总担心孩子不爱表达，看完电影就跑开，现在我明白，也许我们缺的不是话题，而是一个愿意分享彼此感受的机会。"光影思辨交流法"给了我很大启发，和孩子一起看电影，一起谈角色和情节，其实也是一起探索彼此的内心世界。我会试着成为那个能耐心倾听的父母，希望我与孩子间的交流能变得温暖，有趣且富有力量。

读后打卡

知行合一小任务	提示	是否完成
选电影和孩子一起观看，观影后交流分享。	挑适合影片，观影后引导孩子分享感受与想法	

第二节

假期投身自然，感受自然魅力

如今，家长们满心焦虑，试图用各种培训班填满孩子的生活，却发现孩子言语表达、阅读、社交等方面的问题依旧存在。他们忘了，自然才是孩子最好的课堂。与其让孩子困在城市里，不如带他们走进自然，在探索中学会成长，这远比机械学习更有效。

当我们谈论“放手”，其实常常是在思考：孩子该怎样与这个世界接触？该在怎样的环境中学会成长？

我在很多家长的咨询中发现一个普遍的焦虑：城市的围墙高了，日程表满了，孩子的童年仿佛也被一格格安排进了“水泥森林”中。电子屏幕渐渐替代了河流、泥土与风声，孩子看得越来越多，感受却越来越少。

我们也许忘了，自然才是人类最初的课堂，是最博大且耐心的老师。我常说，孩子的成长不只需要书桌前的知识积累，更需要用身体与心灵去触摸世界的纹理，去听一片树叶的颤动，去感受星光下的呼吸。而**“自然探索成长法”**，正是在一次次脚踏实地的旅行中，让孩子从自然中学会理解生命的规律，找到生命内在的力量。

实施步骤：

第一步，选择适宜的自然场所。

根据孩子的兴趣和年龄，安排短途徒步或小型露营。

第二步，让孩子参与活动的全程规划。

从选择地点、准备装备、研究路线等方面让孩子参与进来，增强他们的责任感和自信心。

第三步，做好记录。

让孩子通过日记、绘画或摄影等形式将过程记录下来。

第四步，活动后与孩子共同讨论和反思。

分析他们的体验和感悟，帮助他们从自然中汲取情感和智慧。

记得前年夏天，我接待过一位母亲，这位母亲的职业是建筑设计师，平时工作细致严谨，却在孩子教育上常感到困惑。她说，自己的儿子言语表达不多，不爱阅读，也不擅长社交。她尝试过给他报各种培训班，有语文写作、逻辑思维、情商提升……但都收效甚微。我问她：“你有没有让他真正‘动’起来？**不是机械式的练习，而是从身体出发，从自然中去觉察？**”她愣了一下，反问我：“这也能解决问题？”

我建议她带孩子参加户外亲子营。第一次她带孩子去了一个偏远的小山村，那里没有手机信号，只有清风和虫鸣。他们第一次真正脱离了城市，一家三口在一起搭帐篷、点篝火。那天夜里，孩子第一次主动开口说：“妈妈，星星好像在和我们说话。”

当他们第二次出发，是在初春的某个周末。那次他们选择了一个离市区不远的山林，计划从山脚出发，徒步到达山顶后再回到起点，全程约 5 公里。孩子主动承担起“路线官”的角色，他小心翼翼地在手机地图上标记出关键转弯点，并用笔画在随身携带的地图上。他告诉妈妈：“今天我负责带路，如果走错了你不能怪我。”

由于小径被昨夜的雨水打湿，踩上去软绵绵的。路上孩子不慎摔了一跤，裤脚湿了，手上也沾满了泥。妈妈本想立刻去扶，却听到他大声说：“我没事，我自己起来！”那一刻，她笑了，收回了手。**她意识到，真正的“放手”，不是撒手不管，而是相信孩子能从跌倒中获得重新站起来的力量。**

他们在一棵老橡树下停留吃点心，孩子指着树皮上爬行的蚂蚁说：“妈妈你看，它们排队搬食物，好像我们一样，有自己的小目标。”一路上他拍下很多花草昆虫，回家后居然自发查资料、做了一个简易的“自然观察册”。妈妈说：“这次他竟然写了三页观察笔记。”

有一次旅途遇到突如其来的小雨，他脱下外套护住妈妈的背包：“你的书可别淋湿了。”这份主动与体贴，不是在培训班能学来的，而是在风雨山林间悄悄长成的。

她说：“从前我以为成长要靠‘赶’，后来才明白，有些能力，只能靠‘走’。”这句话，我至今记得。

在自然中，孩子重新找到了与世界连接的路径，而母亲，也重新认识了那个正在慢慢长大、逐渐变得可靠的儿子。他们在山路上彼此陪伴，也在光影与风声中，彼此成就。

在后来几次咨询中，我建议她采用“自然探索成长法”继续推进，让孩子参与假期旅行的全流程，包括路线规划、装备准备、目的地攻略等。出发前，他们一起画了简单的路线图，把“今天要走多远”“中途会遇到什么植物”等写在了地图上。到达目的地后，他们并没有急着走完所有景点，而是在小溪边停留许久，孩子观察溪水里的蝌蚪，捡拾五彩斑斓的小石子，还用木枝和小石头搭了个简陋的“桥”。

他母亲告诉我，孩子在回来后的作文里写道：“小溪的水冰冰的，但它很坚强，一直流，从石头中间拐着弯走。”她激动地跟我说：“这是他第一次在作文里用上比喻！而且，是他自己悟出来的。”

教育的意义，不就是这样的吗？不是让孩子机械地记住多少知识点，而是在生命的流动中，学会与世界对话。**自然提供的不是标准答案，而是一连串鲜活的问题，它引导孩子去看、去思考、去试错，甚至去欣赏“不完美”。**

自然是无声的导师，它通过四季变换告诉孩子：成长不是永远阳光灿烂，也包含雨落、风起、枯萎与重生。在一次次露营、徒步的过程中，孩子学会在夜色中辨认方向，在泥泞中坚持前行。遇到天气突变，他们学会收拾帐篷、调整行程；走错小路，也不再慌张，而是学着回看地图、重新定位。

每一次自然探索，都是一次关于独立与自我修复的课程。而家长在其中的角色，不是安排者、指挥者，而是合作者和引导者。你可以不完美地搭帐篷、烤煳香肠，但重要的是你与孩子共同经历，彼此支持。

我曾在一位教育家那里读到这样一句话：**“真正的教育，不是将一盏灯点亮，而是教会他们点灯的方法。”**自然中的每一处角落，都是可以点亮的灯。一片羽毛、一段树根、一条蚯蚓的爬行路线，都可能唤起孩子对生命的好奇。

我曾辅导过一个来自北京的家庭，父亲是科研工作者，母亲是市场策划，两人工作都很忙，但每周固定会带 8 岁的女儿去楼下小区的生态角做一次“自然日记”。他们给那块不足 50 平方米的小区域起名叫“我们的秘密花园”。每次去那里，孩子就会带着放大镜和笔记本，记录下花草的新变化、鸟儿的叫声，有一次她甚至蹲了整整 20 分钟，观察一只瓢虫爬上蒲公英的全过程，回来后画了一张精细的“瓢虫地图”，标注出它的行走路径和“停留站”。妈妈告诉我：“那天我突然意识到，她的专注力原来并不差，只是我们平时给她的任务，缺少了真正能激起兴趣的‘生活温度’。”

当然，并不是每个家庭都能长途跋涉去远山深林。城市中也有公园、植物园、滨水步道。一次说走就走的亲子晨跑，一次在小区花坛前的观察日记，都可以是“自然探索成长法”的起点。**关键不在于你去了哪里，而在于你是否真诚地停下脚步，与孩子一起去“看见”。**

那些你陪孩子趴在地上观察蚂蚁搬家的瞬间，那些你和他一起捡落叶做拼贴画的午后，哪怕短暂，却可能在他心里留下一个“热爱世界”的种子。而这颗种子，将在他未来面对复杂社会时，成为他内在的根。

我始终相信，**一个真正热爱自然的孩子，不会轻易对生活失望。**他们见过风中弯下腰的小草，也见过枯木逢春的奇迹。他们的内心，是柔软的，也是坚韧的。他们不会被成绩一时的高低击垮，因为他们知道，成长像山路，不是一条直线，而是曲折蜿蜒，处处皆有风景。

所以，亲爱的父母，当你感到焦虑，不知该如何“放手”时，请想一想：**能不能试着带他去山野走一遭，让自然代替我们说话？**

或许，孩子并不需要你教他成为“更优秀”的人，而是需要你陪他看一朵花如何盛开，看一只蝴蝶如何挣脱茧。那时你会发现，他不再只是你想“塑造”的孩子，而是他自己带着好奇、敏感与探索的光芒，走进这个世界。

而你，也在那一场场露营与行走中，悄悄学会了真正的“放手”。**放手不是不再管，而是学会信任，让爱变得安静又深远。**相信自然会帮你完成那部分你不知如何教的功课。

家长分享

读到这一节，我心里一阵发热。我们常说要让孩子“放松”，却又把他们困在城市水泥森林中。这些户外故事让我意识到，大自然才是最好的成长课堂。山路上的坚持、夜空下的倾诉、泥泞中的坚强，都是教科书里学不到的课程。也许我不需要为孩子安排再多的课程，而是应该带他走出去，让自然替我们完成我们无法完成的那部分教育。

读后打卡

知行合一小任务	提示	是否完成
依孩子兴趣选自然场所，规划徒步或露营。	考虑孩子喜好，一起选地点并规划路线、准备物品。	

第三节

亲子协作，体验烹饪乐趣

许多家长为培养孩子煞费苦心，送孩子参加各种培训班，却忽视了生活本身的教育价值。孩子过于依赖大人，会缺乏基本的生活能力。其实，让孩子参与厨房事务，在日常烟火中学习，不仅能有效提升孩子的能力，还能拉近亲子关系。

厨房，是家里最有“烟火气”的地方。而一个家庭的记忆，也往往藏在这些带着温度的日常中：饭香从锅盖缝里飘出来，面粉沾在小小的鼻尖上，汤匙搅动汤锅时轻轻的声响……这些生活中微不足道的画面，在孩子的心里，却悄悄发了芽，成为他认知家庭、理解文化、建立自我归属感的第一课。

我见过很多家庭，对孩子的培养可谓用尽心思，从早教到编程，从口才班到领导力营，唯独忽略了家中厨房这所最温柔的学校。他们想培养孩子的独立能力，却从不让孩子摸锅碗瓢盆；他们希望孩子勤俭持家，却舍不得他为一顿饭流汗动手。但生活教育的根基，正是在这些看似琐碎的事务中悄然筑起的。

在我的育儿咨询中，曾接触过一个特别温暖的家庭，母亲是家庭主妇，丈夫从事 IT 行业，家中有一名 8 岁的小男孩，名叫言言。他们找到我，是因为孩子“太依赖人”。明明已经三年级了，却连一杯温水都不愿自己倒，吃饭挑食，穿衣懒散，生活中凡事都等大人代劳。

“他不是不聪明，就是不肯动。”母亲这样说时，有几分无奈，也有些内疚。

我问她：“你愿意让他参与到家庭真正的日常里来吗？不是写作业、做题，而是生活本身。”

她迟疑片刻，点了点头，我便为她设计了一套**“美食传承法”**。即每月固定一天为“家庭美食日”，由全家人一起计划并动手做一顿饭。不同于以往父母操办一切，这套方法强调的是**以孩子主导，大人只是的辅助者。**

实施步骤：

第一步，商定好日期。

确定每月的“家庭美食日”。

第二步，让孩子参与计划和准备菜单。

让孩子自己查阅食谱，准备食材和工具。

第三步，与孩子一起动手。

在烹饪过程中给予充分的鼓励，允许孩子尝试错误。

第四步，完成后与全家人一起品尝。

讨论孩子在制作过程中的贡献，让他感受到自己的成就感。

第一次美食日，他们选择了包饺子。母亲和言言一起上网查找食谱，列出所需食材，再带着他去菜市场采买。买菜时，言言认认真真地拿着纸条，一项项进行对照，还学会了如何挑选新鲜的青菜。他第一次知道，“白菜有点发黄不能买”“猪肉要分前后腿”。

回家后，母亲先示范了剁馅、和面、擀皮，每一步都缓慢清晰。她并没有要求言言“像她一样做得好”，只是给他空间试错。言言的第一个饺子像一只破开的粽子，馅料撒了一桌，但他没有沮丧，反而咯咯笑了，说：“它在笑，像个张嘴的怪兽。”母亲顺势鼓励：“那我们今天就包一盘‘怪兽饺子’。”

饭做好了，一家三口围坐在餐桌边，看着那一盘形状奇特但香气四溢的饺子，言言第一次在饭前主动说：“我今天剁了葱，还擀了四张皮呢。”他的眼神里，有一种从未有过的自豪感。

饭后，他主动收拾了餐具，说：“以后每个月我们都做一次‘怪兽菜’好不好？”这句话，让母亲悄悄红了眼眶。

这种感觉，是在任何课堂上学不到的，而这种**去策划、去动手、去承担、去表达的能力的获得正是一个人自我成长的开始。**其实，培养孩子并非要时刻将“培养”二字挂在嘴边。我们只需放慢匆忙的脚步，在充满烟火气的厨房里，放心地让孩子去自由发挥。看似简单的一次做饭，却能让孩子拥有一颗敏锐的心，去真切地感受生活的温度。

生活教育，正是通过一件件具体的事务，让孩子建立“我能做”的信心。而文化的传承，也在其间悄然传递。当言言问：“妈妈，咱们每次过年都要吃饺子吗？”母亲借机讲述了北方老家的习俗，说除了饺子外，外婆以前在除夕夜还会蒸枣花馍、擀银圆皮。那一刻，言言仿佛忽然明白了“家”这个字，家不只是房子里的沙发、电视，也是一代代人在厨房里传递的味道。

我一直坚信，孩子要成长为一个真正独立且有温度的人，不能脱离生活的土壤。就像一棵树，不能只浇营养液，而要接触真实的风雨。“美食传承法”让孩子在做饭中锻炼动手能力，在挑菜、洗菜、配料中学会规划和组织；在失败的面团和溢锅的汤汁中，学会接受不完美并继续尝试。更重要的是，它为孩子埋下一颗家文化的种子。

我曾辅导过一个六年级的小女孩，名叫彤彤，她性格内向，数学成绩很好，却总是“没有生活能力”。她妈妈常常抱怨：“她做题能做5个小时，但鸡蛋都打不匀。”于是我们决定做她的“厨房陪练”试试看。

第一次做的是番茄炒蛋，彤彤站在灶台前，紧张地不知所措，连鸡蛋都不敢下锅，生怕油溅到自己。妈妈想帮她，我拦住了，说：“让她来，她能行。”那天，她第一次学会怎么把蛋液慢慢倒入锅中，看着金黄渐现，自己喊出：“好像真的炒成功了！”随后她还临时起意，加了点虾仁，说：“这样就有蛋白质和维生素C啦！”

这顿饭吃得欢快极了，彤彤边吃边说：“原来我也能做饭，而且做饭也像做题，有步骤、有变化，还能创新。”从那以后，她每周都坚持自己做一道菜，还开始拍照并记“厨房成长笔记”。彤彤妈妈后来对我说：“她开始变得愿意承担事情，也更自信了。”

你看，一道简单的番茄炒蛋，也许就是孩子成长的“起跑线”。

心理学中有个词叫**“文化认同”**，它指的是**一个人在成长过程中，如何通过日常习惯和家庭传统，感知到自己是谁，来自哪里，又愿意走向哪里。**而厨房，正是培养这种文化认同的天然场所。孩子们在蒸馒头、包粽子、炒菜中，认识了祖辈的风味，也建立了属于自己的味觉记忆。

有家长担心："现在时间这么紧，哪有心思陪孩子做饭？"我总说，做饭并不需要每次都隆重，只要有心，一顿简单的炒饭，也可以成为一次亲子对话的契机。关键不在于你做了什么，而是有没有让孩子参与，有没有在他动手的过程中表达出"你很重要、你能做到"的肯定。

一位爸爸曾跟我分享，他和10岁的女儿有个"每周一饭"的小约定。平常工作繁忙，他陪伴孩子的时间不多，但他们约定每周一晚上一起炒一锅"创意炒饭"。女儿负责"发掘"食材，爸爸则是她的"副厨"。有一次，他们用剩米饭加了玉米、火腿，甚至一点点橙皮丝，炒出来的饭的味道居然意外的清香。饭后，女儿在小本子上写："今天我当了主厨，爸爸听我指挥，他说我很厉害。"爸爸告诉我，那天他什么都没教，只是在一旁打下手，却感觉自己"参与了她的世界"。这份小小的陪伴，让孩子觉得自己被尊重、被需要，这种体验远比做好一道菜更重要。

这几年，我坚持每月开展一次"家庭美食日"的亲子活动，见证了无数动人的变化。有妈妈告诉我，以前孩子从不进厨房，现在周末会主动提议做早餐；也有爸爸分享，孩子因为爱上做饭，开始对食材的原产地产生兴趣，还写了作文讲"洋葱的旅行"；还有家庭借这个机会，把爷爷奶奶的拿手菜谱记录下来，一家人一起尝试去做。

说到底，放手不是离开，而是让孩子参与，让他拥有自己的位置。在锅碗瓢盆间，他们学会照顾自己、理解他人，也更深地扎根在这个家庭、这个文化中。

亲爱的父母，当你苦思冥想如何培养孩子的生活能力时，不妨从今晚的晚饭开始，邀请他一起择菜、洗米，哪怕只是搅一搅蛋液，撒一点儿葱花。你会发现，真正的成长，不在遥远的课题里，而在最寻常的烟火之中。**放手，不是少了爱，而是让爱有了形状，有了温度，也有了可以传递的味道。**

家长分享

这一节让我重新认识厨房的价值。曾经我把做饭视作大人的责任、从没想到这也是孩子学习生活、建立自信心和文化认同的好机会。文中"怪兽饺子""创意炒饭"这些真实的家庭故事温暖又接地气、让我想起小时候和妈妈一起剥豆的画面。我也想与孩子在锅碗瓢盆之间、一起成长、一起体会"家的味道"。

读后打卡

知行合一小任务	提示	是否完成
确定"家庭美食日"，和孩子一起做饭。	商量日期、菜品，让孩子主导，鼓励发挥创意。	

第四节

记录美好，收集点滴幸福

家长们总是在为孩子的未来忙碌奔波，却常常忽略了孩子成长中的点滴美好。想让孩子拥有开心温暖的童年，却不知从何下手。其实，记录生活中的微小幸福，就能为孩子留下珍贵回忆，增强亲子间的情感纽带，让孩子在爱中成长。

很多年后，我们会忘记孩子第一次考了全班第一的那天是几月几日，却会清楚记得他第一次学会骑自行车后，在小区里笑得一蹦三尺高的样子。我们也许记不得一场重要会议的开场白，却会想起某个周六下午，阳光斜照，孩子窝在你怀里，一起看了一集《猫和老鼠》的那份宁静和踏实。

在育儿咨询中，我常和父母们聊起一个问题：“你希望孩子长大后，对童年的印象是什么？”很多人说：“开心、温暖、有安全感。”我再问：“那他会记住哪些片段？”这一刻，很多人沉默了。因为他们突然意识到，那些真正能被铭记一生的，不是分数、证书和课堂，而是生活中许多细小的时刻，比如吃一顿饭、进行一次旅行、照一张全家福、被夸一句“你真棒”。

有位母亲曾在咨询中分享，她小时候家里很穷，没上过什么兴趣班，但她至今记得，父亲每次加班回家都会带她去楼下小摊买一串糖葫芦，然后一起坐在楼顶吹风。那种“我被放在心上”的感觉，至今仍支撑她面对生活的压力。她说：“我希望我女儿也能记住一些这样温暖的小片段。”是的，孩子长大后记住的，是我们怎样注视他，怎样在忙碌中抽出 5 分钟认真听他说话，怎样在他失败时拍拍他的背说“没关系，我们再来”。这些琐碎又真实的陪伴，才是爱的形状，也是他们未来面对世界的底气。

我们生活在一个快节奏、重结果的社会里，习惯了不断追赶，常常忽略了“记录”这件小事的意义。可心理学告诉我们，**幸福感并不来自我们经历了多少大事，而是我们是否有意识地感受到了生活的美好。**而记录，就是一种把幸福感“定格”的方式。

“美好记忆定格法”通过记录和回顾生活中充满温暖和幸福感的瞬间，帮助家庭成员建立深厚的情感联结，让这些小而美的记忆成为未来面对困难时的支持力量。

实施步骤：

第一步，每个月挑选几张具有纪念意义的照片。

照片可以是亲子活动、家庭聚餐等，在照片配上简单的文字描述。

第二步，与孩子一起制作家庭相册。

增加装饰和手写文字，让孩子参与其中，增强记忆的情感价值。

第三步，在每个季度末，回顾家庭相册。

讨论这些记忆的意义，强化孩子的情感认同。

第四步，持续每月进行更新。

使得美好记忆成为日常生活的一部分，定期分享彼此的小幸福时刻。

我想起一对夫妻，他们的孩子小名叫团团，当时正上小学二年级。这个家庭的生活节奏忙碌而紧凑，妈妈是小学教师，爸爸是工程师，经常出差。妈妈总觉得自己对孩子的陪伴不够，总担心孩子长大后会觉得“妈妈不在身边”。她说这句话时，眼圈红了。

我告诉她，**其实陪伴的质量，远远比时间的长度更重要。**于是我建议他们尝试“美好记忆定格法”。

起初，他们一家只是尝试着做“每月一页”的亲子记忆相册。每个月月底，妈妈会和团团一起从手机相册中挑选五张照片，可以是家庭聚餐、一次小旅行、爷爷在讲笑话、妹妹学走路，只要是让人一看就会心一笑的就好。接着将照片打印出来，用团团喜欢的彩色贴纸和画笔装点边框，再配上几句孩子写的文字。团团第一篇写的是：“今天我们在小区楼下吹泡泡，爸爸吹得最大，我笑得肚子疼。”

他们还设立了“感恩小本”，每周日吃晚饭后，团团会写下一件让他觉得开心或感谢的事情，比如“今天妈妈给我做了草莓三明治”“我跌倒时奶奶将我抱得好紧”“老师表扬我用心画画”等。这些事都很小，却能让团团真切地感受到：**我是被爱的，这个家是温**

暖的。

家庭日记和相册不仅留住了时光，也无声地训练着团团的表达能力和情绪觉察力。我们常说孩子不懂感恩、不会表达，其实不是他们天生缺乏这方面的能力，而是我们没有给予他们练习的机会。而“记录”就是一种极好的练习方式，它柔软、不设标准，也没有对错，只是引导孩子去感受、去表达。

心理学里有一个概念叫 **“积极心理时间旅行”**，指的是 **人们在心理上可以回到那些曾经的幸福时刻，从中汲取力量与温暖。** 而记录的意义就在这里，它是一本随时可翻的幸福手账，是一剂慢性的心灵疗愈剂。**一个孩子若有一个被关爱、被珍视的童年，其内心深处会形成能抵御今后人生风雨的力量。**

所以我常对家长说，不要小看这些看似无用的“记录”行为。你们每一次一起贴纸、写字、回忆，都在悄悄加固家庭情感的纽带。孩子在翻阅那些相册时，会清楚地知道，自己的成长被看见、被纪念，他是这个家庭中重要的一员。

我还记得在一次家庭教育小组课上，有位妈妈分享了一段特别动人的经历。她的女儿朵朵今年 8 岁，平日里活泼开朗，但有一段时间突然变得有些沉默，经常说“没人理解我”。妈妈起初以为是学校里出了问题，甚至怀疑是不是被老师批评了。但沟通几次后才发现，原来朵朵只是单纯地觉得“好像大家都太忙了，没有人在意我了”。

那天晚上，妈妈翻出了几年前和朵朵一起做的旧相册，里面有一张朵朵 3 岁时系着围裙在厨房里“做饭”的照片，还有她第一次坐地铁兴奋得眼睛发亮的样子。她们坐在地板上，一页一页地翻着，妈妈讲当时的故事，朵朵时不时补充：“这我记得！”“那个时候我最喜欢吃草莓蛋糕！”小姑娘的眼睛亮晶晶的，最后抱着妈妈说：“原来你一直记得我小时候的样子。”

对孩子来说，这一刻的感受比任何说教都有力量。她重新感受到了“我是被爱的，是有人惦记的”。情感的归属感就藏在这些点滴之中。

记录，不只是父母给予孩子的礼物，有时它也是孩子给予父母的一种回应。另一位爸爸告诉我，他和 10 岁的儿子共同经营着一个“周末记忆罐”。每个周末，他们轮流写下一件“本周最开心的事”放进去。有一次，他很疲惫地回家，心情并不好，儿子从罐子里抽出一张纸，那是爸爸三周前写的，内容是：“今天儿子给我端了一杯水，说爸爸辛苦了，觉得再累也值得。”那张纸虽小，却瞬间融化了他所有的疲惫。孩子看到父亲眼眶泛红，也第一次意识到，原来情感可以这样被传递、被表达。

心理学研究也印证了这一点。哈佛大学的儿童发展研究中心曾提出**“微小幸福积累理论”——孩子的幸福感并不来自一次性的重大事件，而是那些重复出现的小确幸。**比如一家人饭后聊天、一起整理照片、一起回忆旅行，这些简单的仪式感会在孩子心中种下安全感和爱。

有一个家庭让我印象特别深刻。他们家有三个孩子，分别读小学一年级、四年级和初中一年级。三个孩子性格各异，常因小事争执不休。妈妈灵机一动，设立了一面“每人每月写一件夸奖家人的小事”记录墙。起初孩子们有些敷衍，但当他们看到墙上贴满了“哥哥帮我拿水”“妹妹没抢遥控器”“妈妈煮了我最爱吃的番茄蛋面”这些文字时，慢慢地，争吵少了，笑容多了。这种彼此看见、被感激的感觉，正是家庭最温柔的治愈力。

所以，如果你问我，记录的意义究竟是什么？我想说，它是家庭关系中最不张扬却最坚固的那条纽带。它不高调、不昂贵，却能让孩子在成长的每一阶段，哪怕经历失败和动荡，也始终记得：**我来自一个爱我的家。**

我们可以用各种方式来进行“美好记忆定格法”：写一封信给

未来的孩子；拍一段小视频记录节日的仪式感；用一个大玻璃瓶来装全家的“快乐纸条”；或者就像团团一样，每个月选五张照片，一点点筑起幸福的地基。**重点不是形式多复杂，而是这份记录是否饱含真情。**

最后我想说，亲爱的父母，当你们苦恼如何让孩子拥有幸福的童年时，不妨先从“记录”开始。用一本小册子、一张照片、一段音频，慢慢织出一张叫“回忆”的网。未来某一天，当孩子在人生的路口感到迷茫或孤独，只需翻开那一本写满童年时光的册子，就能听见你温柔的声音、看见你温暖的眼神，感受到“原来我一直被爱着”。

家长分享

这一节文字特别温柔、也特别有力。我们总是忙着往前赶、却常常忽略了回头看看那些值得珍藏的瞬间。原来、幸福不在远方、就在孩子写的“谢谢你帮我削苹果”那一行字里。读完后、我决定和孩子一起做一本“家庭幸福手账”、哪怕只是贴几张照片、写几句话、也想把这些温暖的时刻留住、成为我们共同抵御未来风雨的底气。

读后打卡

知行合一小任务	提示	是否完成
挑选本月照片，和孩子一起制作家庭相册。	进行相册的装饰设计、每张照片写描述和感受。	

第五节

巧用废旧物品，激发创意想象

大人们习惯用“标准答案”和“有用与否”来衡量孩子的行为。面对孩子上课开小差、性格胆怯等问题，家长们无计可施。其实，不妨试试让孩子参与“变废为宝”的创意活动，这不仅能激发孩子的想象力，还能提升多种能力，助力孩子成长。

每当我去往一个新的家庭开展咨询或指导时，都会随身携带一本记录本，那是我与无数家庭同行的“地图”。它不只有笔记与数据，更有那些让我久久难忘的瞬间，比如一个小男孩把废纸盒变成“火箭发射器”；一个小女孩用旧丝袜做了“森林精灵娃娃”；还有一位母亲眼眶发红地告诉我：“原来我们家也能有这么多‘宝藏’。”

咱们都清楚，现在育儿让人焦虑，这焦虑可不只是因为担心孩

子学业跟不上、成长节奏不对头，还因为我们看问题老是习惯用“标准答案”那一套，干啥都只盯着“有没有用”。太多父母在带孩子时不自觉地问：“这样做有什么用?”“做这个能得奖吗?”但在创意的世界里，有用与否不是衡量一切的标尺。**想象力本身，就是孩子面向世界的一扇窗。而那扇窗，不是等孩子长大了再打开，而是在他们玩着矿泉水瓶、摆弄纸箱的当下，悄悄推开的。**

我记得一个叫星星的小男孩，他 6 岁，眼睛亮得像天上的星星。妈妈带他来做咨询，是因为老师说他“上课总是神游，不专注”。可当我和星星聊起他最喜欢的事时，他滔滔不绝地告诉我：“我上次用牙膏盒和瓶盖做了一个会动的机器人，还有音效哦!”那一刻，我突然明白了，这个孩子并不是不专注，而是他的大脑正忙着在另一个维度里进行创造。只是我们大人，没有读懂他的“频率”。

于是我建议他妈妈尝试做一做**“变废为宝创意坊”**这样的活动。活动旨在提升孩子的创造性思考，允许任何“看似不可能”的想法涌现。

实施步骤：

第一步，设定一个开放的主题。

让孩子自由选择想要创造的物品或场景，并允许他们尽情展开联想，打破任何传统的局限。

第二步，明确“没有错误”的规则。

在创作过程中，鼓励孩子提出现有的思路或方案，并认为每一个创意都有价值，不做任何批评或干预。

在讨论创意时，可以鼓励孩子从不同角度思考问题，如“如果这是一个外星人如何看待这个物品？”“如果这是一件魔法物品，它会有什么特殊功能？”

第四步，将创意付诸实践。

让孩子亲手动手，将自己的创意想法通过废旧物品实际操作，实践过程中可以进行适当的指导，但避免干扰孩子的创造力。

最开始，星星只是随意剪剪贴贴，不成形也没逻辑。妈妈忍不住很想帮一帮，但最终还是选择尊重孩子。渐渐地，星星开始提前规划每次的作品，甚至画出图纸，一次比一次有思路。三个月后，他的注意力显著提升，最重要的是，他脸上多了一种久违的自信。

更让我感动的是星星妈妈的转变。起初，她总担心“孩子会不会玩物丧志”，甚至悄悄告诉我：“他画画可以，但要不要顺便学点奥数？”我告诉她：“或许他的‘数学脑’正在剪刀和胶水之间生长。”慢慢地，她学会了蹲下来认真看完星星的每一个创作，哪怕只是一个歪歪扭扭的小机器人。一次她感叹道：“原来我儿子脑子里有一整个宇宙，而我以前太急着让他看世界地图了。”

这个家庭的节奏也发生了变化：家里的阳台成了创意角落；冰箱上贴满了星星的作品；周末也不再是赶场上课，而是满屋子的欢笑与颜色。我常说：“每一个被看见的孩子，都会长出更大的勇气；而每一个陪孩子‘胡思乱想’的父母，也都在重新找回童年里那个相信魔法的自己。”

“动手能力”在心理学中有一个非常核心的意义，**它不只是完成一个物品的能力，更是一种调动脑、眼、手配合的整体能力。**许多研究表明，孩子在亲自动手创作时，大脑的多区域会同时被激活，尤其是负责空间感、问题解决、情绪管理的区域。与此同时，环保教育的种子也在无声地被埋下。

这种看似简单的“动手”行为，其实是在悄悄为孩子的未来筑起一块块坚实的心理基石。我们常说要培养孩子的专注力、执行力、创造力，可这些能力，并不是靠课堂上反复听讲、刷题、背诵就能自然萌发的。孩子需要在真实生活中、在可以摸得着的材料里，找到可自我掌控的感受。**因为唯有亲手创造，才能让他们在一次次尝试与调整中，体会到“我可以做到”的力量。**

我曾指导过一个 8 岁的女孩，名叫宁宁。她性格敏感、胆怯，在学校总是躲在角落，甚至连上课举手发言都觉得困难。妈妈为此焦虑不已，希望我帮她“变得勇敢些”。但我知道，“勇敢”不是一句鼓励就能生出的果实，它需要去尝试。于是我建议母女俩一起尝试建造“变废为宝创意坊”，不谈性格、不谈改变，只从具体、生活化的动手活动开始。

刚开始，宁宁只照着图样做一些简单的小玩意：用旧报纸折得风车、用纸杯做的娃娃屋等。她做得拘谨小心，生怕“做错”。但随着一次次亲手剪裁、拼贴，她逐渐敢于尝试自己的想法，甚至为原本平面的结构加上“电梯间”“花园阳台”，构思出一个三层楼的娃娃之家。每一层都有不同的“功能区”，甚至还有“宠物角”。

几周后，妈妈满怀喜悦地告诉我，宁宁不仅在家里越来越会表达自己的想法，还在学校主动举手、参与小组讨论了，连老师都说“她好像换了一个人”。这个变化不是一夜之间发生的，而是在反复的“剪一剪”“贴一贴”“想一想”中，一点点建立起来的内在秩序感和掌控感。**对一个孩子来说，能把一堆看似杂乱无章的纸盒和瓶盖变成一个完整、有功能、有美感的作品，那种从混乱走向清晰的过程，其实就是一种深层次的心理建构。**

这不是简单的“儿童手工”，也不是“消遣时间”的游戏，而是一种看不见的、却极其重要的生命练习。在动手实践的过程中，孩子学会了规划、面对困难、调整策略，也学会了接受不完美、从失败中总结经验。这种体验，恰恰是他们在面对更大世界时所必需的心理弹性与内在力量。或许他们此刻只是剪着纸片、摆弄瓶盖，但他们正在为未来的自己，搭建起一座通往自信与勇气的桥梁。

有一次，我去走访一个四口之家，看到他们厨房旁的一个角落被改造成了“环保工坊”。孩子小羽 8 岁，正在用旧布头和塑料瓶制作一个“环保公主”，她一边缝着布一边认真地说：“这是她的环保斗篷，用的是我去年冬天穿破的围巾。她是保护地球的。”

环保并不是一门严肃的学科，而是一种日常的温柔习惯。而当这种习惯是孩子自己亲手“做”出来的时候，那份责任感与参与感，才会真正地内化成他们未来的生活态度。

还有一个令人动容的故事，是一对父母与双胞胎儿子的“创意日记”。兄弟俩各自负责一个“创意档案本”，每月从家里挑出一件废旧物品，自主设计改造方案，完成后将照片贴在档案本上，记录“前世今生”，写上创作灵感与使用效果。有一回，他们用废弃玻璃瓶做成了蜡烛台，还送给邻居当作中秋礼物，那位邻居笑着说：“这礼物比月饼还珍贵。”孩子们骄傲地在本子上写下：“旧东西也能让人开心，真棒！”

这样的活动，不只提升了动手能力，更教会孩子如何在生活的角落里发现价值、创造意义。每一块废布、每一个破碗、每一个空罐，都是“等着被再爱一次”的存在。而孩子就是那个赋予它们第二次生命的魔法师。

心理学家皮亚杰认为，儿童的思维是在“感知运动”中生发出来的。他们不是坐着就能理解世界的，而是要通过双手触摸、摆弄、拼接，把抽象的世界一点点变得有形、可控。所以，**别小看孩子拆快递盒、摆瓶盖、剪旧布这些“琐事”，他们其实正在用自己**

能掌握的方式，在构建一个属于他们的世界观。

所以，亲爱的父母，如果你正在为孩子的创造力发愁，不妨从厨房的旧碗、阳台的废花盆、快递箱里的泡沫板开始。你不需要昂贵的材料，不需要复杂的计划，甚至不需要很长的时间，只需要一点点耐心，一点点鼓励，还要相信孩子的想象力。

“变废为宝创意坊”不只是一个活动，它是一种态度，它告诉孩子：你的世界不需要是完美的、全新的，哪怕是残缺，也能成为创作的起点。它更是一种放手的方式——不评判、不主导，而是静静地看着他们从“没用”的物品里，变出自己的小宇宙。

家长分享

以前我总觉得剪纸拼贴是“小打小闹”，没什么意义。现在我知道，每一个小创作，都是孩子思维与世界对话的方式。那个用旧布做“环保斗篷”的小女孩，让我特别感动。我也想给孩子一个“可以胡思乱想”的空间，不去打扰，也不去纠正，只安静地守护在他身边即可。创意不贵，但很珍贵。

读后打卡

知行合一小任务	提示	是否完成
收集废旧物品，和孩子做“变废为宝”创作。	制定主题，用废旧物，鼓励孩子大胆想象，动手创作。	

第五章

· 赋能远航 ·

——筑牢父母根基，
赋能孩子走得更远

第一节

果敢放手，助力孩子独立

很多父母满心焦虑，总担心孩子犯错、不够优秀，于是事事替孩子做决定，用力过猛的爱却让孩子变得被动、缺乏判断力。孩子如同被过度呵护的幼苗，难以茁壮成长。其实，学会放手，给予孩子自主决策的机会，才是帮助他们成长为独立个体的关键。

每次带女儿宁宁去超市，我都刻意放慢脚步，看她如何应对那些摆在眼前的选择。她会在饼干区徘徊良久，拿起、放下、再拿起，有时还回头瞄我一眼，似乎在等我点头。过去的我，可能早已不耐烦地下结论："拿这个，少糖，对你好。"但后来，我学会了闭嘴，把自己从她生活的主导者，变成一个有温度的支持者。**真正的教育，不是把路铺平，而是给她一盏灯，告诉她："你可以选，只要你思考清楚。"**

有一次她选了一包包装特别花哨的糖果，尝了一颗后小声说：“有点太甜了。”我没有责备，只是轻声问：“你下次还会买吗?”她摇摇头，说：“不会了，下次我要先看看配料表。”那一刻，我知道，她正在学会为自己的决定负责，而不是依赖我来下判断。这种能力的养成，比起吃得健康、选得聪明，更难能可贵。

在亲子关系咨询工作中，我见过太多“爱得用力”的父母，担心孩子吃苦、担心孩子走错路，更担心孩子不够优秀。他们用力过猛地设计每一步，结果是孩子越来越被动，越来越缺乏判断力。一个 12 岁的男孩曾告诉我：“我妈每天帮我订好早餐、准备衣服、安排补课，连周末去哪儿都是她说了算。她说我是她的‘宝’，可我觉得我像她的‘影子’，我都不知道我想干吗。”听得我心里一紧，那“影子”两个字，在我心头缠绕很久。

我们这一代母亲，总是活在“不要让孩子输在起跑线”的巨大压力中。但教育从来不是一场赛跑，也不是一张张用来比拼的成绩单。**人生不是一条直线，它更像是一片广阔的海，孩子要有能力掌舵，才能自由地远航。**而这种“掌舵力”不是在密不透风的保护中长出来的，它需要家长一次次有意识地“退一步”，哪怕那意味着孩子要走一点儿弯路，做几个错误决定。只有真正学会放手的父母，才能培养出能独立飞翔的孩子。

我想起前不久接触的一个家庭。妈妈杨莉是一位小学语文老师，儿子小哲刚满 12 岁。她来找我时一脸苦恼：“老师，他现在总是拖拖拉拉的，做事没计划，做什么事情都没有责任感。你说，我是不是该继续多盯着他一些?”

我没有立刻回答，而是请她回忆一下，儿子是否有机会在家庭中真正“做主”。她怔住了，然后叹了口气：“好像真没有，我们家的大小事务都是我和他爸爸决定的。”这正是问题的症结所在。孩子若一直被保护在决定之外，自然难以学会承担。他不是懒，而是缺乏机会去练习、去试错，更没有被赋予“你有能力参与家庭”的信号。

于是我引导她尝试一个叫**“家庭决策放手练”**的方法。该方法通过家庭日常决策的实践，帮助孩子培养独立思考、权衡利弊、解决问题的能力。父母在过程中逐步撤去过度的控制，让孩子承担更多责任，以此提高他们的自我效能感。

实施步骤：

第一步，选择一个简单的家庭事务。

如周末出游或家庭大宗采购，给孩子设定一些框架条件，比如预算、时间和地点等。

第二步，鼓励孩子独立完成任务。

如制订计划、提出方案，甚至协调家庭成员的意见。

第三步，在过程中，父母要避免直接干预。

父母只提供必要的提醒和建议，尊重孩子的决策。

第四步，执行孩子的决策。

最后与孩子一起反思整个过程，讨论得失和改进之处。

杨莉半信半疑地回去试了试。几周后，她再次找到我，脸上多了些欣喜。她说小哲第一次参与家庭决策时，紧张得连笔都掉了。为了安排那次周末出游，他用了整整两晚在网上查景点，并做了个简易的 PPT，还拉着爸妈开了次“家庭会议”。“我看他对着我们讲方案的样子，有点小紧张，但眼神特别亮。”她这样说。那次出游，虽然选的景点略显普通，路线也不太高效，但全家都玩得开心，最重要的是小哲第一次真正觉得“我有决定权”。回来后，他还主动承担了整理照片、写游记的任务，连奶奶都夸：“这孩子，长大了。”

这就是独立的起点。不是从“我听话”开始，而是从“我可以负责”开始。

心理学上有一个概念叫**“脚手架理论”**，意指**在孩子成长过程中，父母如同建房子的脚手架，提供必要的支撑，但当孩子技能逐渐成熟时，应当及时撤下脚手架，让他们自己去试、去错、去承担。**这并不意味着父母要变成“甩手掌柜”，而是要在“支持”与“放手”之间找到那条看不见但真实存在的“智慧边界”。

“家庭决策放手练”正是这个理念的实操方式之一。通过在具体家庭场景中赋予孩子选择权、组织权和承担权，帮助他们在实践中练习权衡利弊、制订计划、管理资源等多种能力。其实不仅仅是旅行，家中有什么大宗采购，甚至春节聚餐的菜单安排，都可以是孩子练习决策的机会。**父母只需设定边界，引导他“怎么想”，而非告诉他“怎么做”。**

我曾接触过一个名叫童童的 9 岁女孩。她负责设计家里一次烧烤聚会的菜单和采购。为了满足爷爷、奶奶少油少盐的口味，又照顾表哥爱吃的鸡翅，她列了三种不同口味的烤串，并在超市里亲自比价、称重、记账。当天虽然烤煳了一批玉米，但她站在炭炉边笑得特别开心，最后还举杯说：“欢迎大家来我主持的烧烤节！”那晚，她不是个“听话的小孩”，而是一个能独当一面的“小主人”。

这种练习的力量，会在日复一日的生活中悄然积累。就像种一棵树，一开始得扶着，但风来了，太阳毒了，总要让它自己长，哪怕弯一些，也比永远靠着篱笆更坚韧。

在一次讲座结束后，有位妈妈带着 8 岁的女儿找到我。她小声地问："我是不是太早开始这些训练了？她还小，做不了什么决定。"我蹲下来望着那个小姑娘，温柔地说："她能不能做，并不在于她的年纪，而在于我们是否愿意相信她能行。"

信任，是放手的基石。

我从不主张一夜之间就把孩子推向风雨中，但我们可以从一点一滴的小事开始，逐步撤下那张看似温柔、实则窒息的保护膜。教孩子如何学会用自己的双脚站立，而不是永远仰望我们。

"父母之爱的崇高，并非取决于他们能为子女抵御世间风雨的岁月有多长，而在于他们能在子女于风雨中困顿之时，毅然擎起庇护之伞；待子女于晴空下展翅，又悄然隐于岁月角落，不扰其翱翔之姿。"这段话被我写在自己的笔记本首页，每次想控制孩子的决定时，我会先读一遍，再问自己："我是在爱她，还是在控制她？"

在做育儿咨询的这些年，我见过太多父母在"放"与"不放"之间徘徊。他们想给孩子自由，又害怕孩子受伤。可成长，本就是一场带着刮痕的修炼。我们可以擦药、包扎，但不能替他们走路。

请相信，那些你放手让孩子亲自做出的选择，即便一时笨拙甚至犯错，也终会化作他们独立人格的砖瓦。

愿你有足够的勇气去放手，也有足够的智慧去陪伴。因为真正的爱，不是攥紧手心，而是张开手，让他们自由飞翔。

家长分享

这一节让我重新理解了“放手”这两个字。曾经我以为陪伴就是安排好一切，直到看到文中那些真实的案例，才意识到：真正的爱，是信任孩子拥有选择与试错的能力。成长不是一夜之间完成的飞跃，而是一点一滴的授权与尝试。当我愿意退后一步，孩子才能有机会迈出自己的脚步。

读后打卡

知行合一小任务	提示	是否完成
选择某项家庭事务，让孩子负责完成。	设框架条件，不过多干涉，引导孩子完成任务。	

第二节

信任为翼，激励孩子勇敢逐梦

许多父母在育儿时陷入困惑，一心为孩子付出，却发现孩子胆小怕事、不敢独自面对挑战。家长们过度保护，看似是爱，实则阻碍了孩子的成长。其实，学会放手，给予孩子信任，才是帮助他们走向独立、收获自信的关键。

有一次，在我做亲子关系咨询时，接待了一位年轻的母亲，她的神情中透着几分疲惫与无助。她的孩子，今年 10 岁，正读小学四年级，聪明伶俐，却总是胆小怕事，遇到一点点挑战就退缩。她叹了口气，说："老师，我真的尽力了，我每天接送他上下学，替他报课外班，帮他约好朋友出来玩……到现在他竟不敢自己去图书馆，甚至不敢一个人去便利店买东西了。"

我看着她焦急的眼神，心中生出怜惜。这个妈妈，并非不爱孩子，恰恰相反，她爱得太满，满到没有给孩子留下呼吸和试错的空间。她像一把遮风挡雨的大伞，把孩子小心翼翼地罩在自己的羽翼下，却也遮蔽了他看见世界的勇气。

“你信任你的孩子吗？”我轻轻地问她。

她迟疑了片刻，点了点头，“我当然信任他啊，他是我生的，我当然最了解他。”

我笑了，继续追问：“那你信任他有能力面对困难吗？如果你不在他身边，他能应对突发的事情吗？”

她的眼神闪了闪，沉默了。

我接着建议她尝试去做一件小事：让孩子独自去楼下便利店买一瓶牛奶，事先和他约定好路线和注意事项。她满脸犹豫，但还是答应试试。两天后，她兴奋地发来消息：“他回来的时候笑嘻嘻的，说收银员还夸他会算账，很聪明！”那一刻，她第一次真切地感受到，**放手，不是放弃，而是赋予孩子自信和能力的过程。**

这里用到的其实是**“信任放飞成长法”**。方法的核心理念很简单：**以信任为前提，以陪伴为依托，在可控范围内给予孩子适度的自由。**

实施步骤：

第一步，识别孩子的起点能力。

从孩子已经能完成的小事出发，建立信心。

第二步，设计适度挑战任务。

如独自购买物品、独立乘车等，根据年龄递进。

第三步，明确规则与安全机制。

让孩子清楚界限、了解风险并掌握应对策略。

第四步，事后复盘反馈与鼓励。

通过讨论和肯定帮助孩子总结经验、持续成长。

许多父母都有这样的矛盾：口头上说“我相信你”，行动上却步步跟随，不敢放手。**这种不自觉的控制，其实是一种爱的错位。**我们以为自己是在保护孩子，殊不知，也许我们正在剥夺他们成长中独立面对世界的机会。

我想起了一位妈妈，她孩子叫小琪。小琪今年9岁，是个阳光开朗的女孩。有一次，她主动提出要参加学校组织的“无人接送日”活动。那意味着放学后，孩子们要独立走回家。这对家住在两公里外的小琪来说，无疑是一项真正的挑战，而对她母亲来说，则是一场不亚于“放手的考试”。

最初，小琪妈妈非常犹豫，她的脑海里闪过无数担忧：万一路上迷路了怎么办？遇到陌生人怎么办？过马路不小心怎么办？这些念头如同一片片细碎的玻璃碴子，在她心口反复划过，疼得让她几乎要放弃这次机会。

可她没有，她来找我咨询。她眼神坚定地说：**“我不想错过她成长的契机，但我真的很怕‘万一’。”**这句话，道出了无数父母的心理困境：在“爱”与“放手”之间徘徊不定，焦灼、矛盾又深沉的心理挣扎。

我理解她的顾虑，也知道那种“怕万一”的母性焦虑有多真实，但成长的路，从来不是一路平坦的草地。真正的教育，不是替孩子扫清一切障碍，而是教会他们如何穿越荆棘、迈过石头，走出一条自己的路。基于此，我向她推荐了“信任放飞成长法”。

之后，她开始和小琪一起研究回家的路线，用地图标记每一个重要路口；母女俩共同制定紧急联络方案，模拟突发状况下的应对方式；她们还多次练习那条路线，每走一次，小琪都要向妈妈讲述沿途看到的细节变化，并提出如果遇到不同情况，她会怎么处理。

终于，那个特别的“无人接送日”到来了。

那天，当小琪背着书包走出校门时，她母亲站在远处的街角，不敢靠近，只能偷偷看着。她一边看，一边在心里一遍遍默念：“她可以的，她可以的。”那一刻，她才真正明白，所谓“放手”，并不是放弃守护，而是从“控制”走向“信任”。

小琪顺利地回到了家。打开门的那一刻，她脸上闪耀着一种从未有过的自信与喜悦，这是她从依赖迈向独立的第一步，也是非常重要的一步。

我后来问她母亲：“那一刻你最想做的是什么？”

她笑了，眼角泛着泪光：“我想冲上去紧紧抱住她，但我忍住了。我只是看着她，说了一句‘你做得真棒，我相信你越来越能照顾好自己了。’”

这是一个孩子成长的转折点，也是一个母亲学会放手的起点。成长从来不是靠紧抓不放得来的，而是在一次次信任中生根，在一次次试错中开花。

这是信任的力量。信任不是放任，不是把孩子推向风雨，而是教他们如何判断风向，准备雨衣，练习撑伞，然后，在他们有准备时，轻轻地说：“去吧，妈妈在这里。”

心理学中有一个概念叫**“自我效能感”，它是人对自己能否完成某项任务的信心。**而这种信心的来源，不在于我们给孩子多少帮助，而在于他们一次次靠自己解决问题的经验累积。我们越信任他们，他们越有力量面对未知。

所以，“信任放飞成长法”并不神秘，它只需要家长具备三颗心：**一是耐心，允许孩子犯错；二是细心，事前做好安全准备；三是信心，相信孩子终有一天能独立翱翔。**

还有一个让我记忆深刻的场景，是在去年夏天的一个家庭辅导营地里。一位 7 岁的小男孩，第一次尝试在没有父母陪伴的情况下，参加夜间森林探险。这对他来说，是一场挑战，而对他母亲而言，更像是一场“放手演练”。

起初，他的妈妈几度动摇，反复问我：“他真的能行吗？他胆子小，一黑就怕……”我没有急着劝她放手，而是和她一起制定了一份“信任协议”：提前沟通安全事项，准备好备用电池的手电筒，约定遇到问题如何向老师寻求帮助。最后，我们还悄悄准备了一封“如果你害怕就打开”的小卡片，藏在他口袋里。卡片上写着：“亲爱的宝贝，妈妈知道你有点怕，但我更知道你一定能行。天上的星星也是为你加油的哦。”

那天晚上，小男孩和一群小伙伴在老师陪伴下，完成了两个小时的森林探险。他一路没哭，也没退缩，甚至还主动帮别的小朋友照亮路。回来时，他满脸兴奋地挥着小树枝当“战利品”，对着妈妈喊：“我走在最前面哦！”那一刻，他母亲站在人群外，悄悄背过身去擦眼泪。她哽咽着对我说：“他以前连睡觉都要拉着我手……我从没想过，他能在黑夜里走完一整段路。”

这是孩子迈向独立的一大步，也是母亲心灵上的一次成长脱壳。**信任，并不是一句口号，而是一次次在犹豫中咬牙放手，在担心中温柔目送。**

这样的变化不是一夜之间发生的，是一点点放，一步步练出来的。正是那些被允许尝试、失败、再尝试的瞬间，锻造了孩子内在的力量。

有人说：“父母之爱子，则为之计深远。”但什么是真正的深远？**不是安排他们一生的路线，而是教他们掌握方向盘。在信任中成长的孩子，会长出稳固的内在锚定系统。**即便未来的世界风雨交加，他们也会挺直脊梁，迎风而立。

我们常说：“我希望我的孩子将来成为一个有担当的人。”可担当不是从父母怀里长出来的，是在一次次“我来试试”的过程中练出来的。信任，是那张送他们出发的风帆，也是一面默默无声的力量后盾。

我始终相信，爱有很多种模样，有时是搂紧不放的拥抱，有时却是放手后的遥遥守望。孩子不是为了依赖我们一生而来，他们是要成为独立的自己，去走那条我们未曾走过的路，去看那些我们未曾看见的风景。

在育儿这条长路上，愿我们每一个做父母的，都能修炼出一颗愿意信任的心。当孩子迈出第一步时，我们能不慌不忙地说一句："去吧，妈妈相信你。"

家长分享

读完这一节，我深受触动。我们太容易被分数牵着走，却忘了分数背后，藏着孩子多少努力的痕迹，过程才是真正值得被看见的部分。当我们把注意力从结果转移到过程，孩子才会真正建立自信。教育的意义，不是为成功喝彩，而是为努力喝彩。这节提醒我，真正的韧性，是在一次次失败中仍愿意坚持的那颗心。

读后打卡

知行合一小任务	提示	是否完成
根据孩子能力设计挑战任务。	明确规则和安全机制，任务后进行复盘，给予鼓励支持。	

第三节

聚焦努力过程，培养韧性

众多父母满心焦虑，只盯着孩子的分数，却对孩子努力的过程视而不见。孩子因成绩不佳而被质疑，内心的努力得不到认可。其实，比起结果，关注孩子成长的过程，帮助他们复盘努力的轨迹，更能培养孩子的成长型思维，让他们在学习中找到自信与动力。

孩子成长的轨迹，不是一条直线，更像一串被风吹动的风铃，在起伏间发出清脆动人的声音。作为一名走过育儿长路、如今协助他人育儿的母亲，我常常在咨询室中，看见许多父母带着对分数的焦虑与对未来的担忧推门进来，却很少有家长是愿意花时间去**了解孩子努力的过程的。**

有一次，一位妈妈带着 12 岁的女儿来找我。女孩瘦瘦的，脸色苍白，手里还攥着一张考卷。那是一张语文试卷，分数红得刺眼。妈妈坐下便开口："她平时明明复习得很好，这次怎么只考了这么点？我都不知道她是不是在家根本没学。"

女孩低着头，嘴唇紧抿。那一刻，我没有立刻回应，而是看着那女孩细细的手指，一个劲儿地搓着考卷的边角。那是一种不安的、夹杂着羞耻的动作，她其实很在意，只是她不知道，自己的努力是否有价值。

我轻轻把考卷摊开，说："我能听听你答题的思路吗？"

女孩有些诧异，但还是把头凑了过来，指着一道阅读理解的题目："我原来选的是 B，但后来觉得 D 也可以，就改了。后来妈妈说是粗心，其实我是真的犹豫了很久。"

"你是在认真思考，对吗？"我问。

她点点头，眼眶微红。

那天我请母女俩一同做了一个简单的回顾练习，也就是我常用的**"成长轨迹复盘法"**。这是一种帮助孩子回顾和整理学习过程中的努力与成长的方法，通过回顾每一个努力的瞬间，**让孩子能看到自己不断进步的足迹，并增强自信心。**

实施步骤：

第一步，准备工具。

准备一张大纸和不同颜色的笔。

第二步，回顾学习过程。

孩子和家长一起回顾这段时间的学习历程，标出每天学习的时间、遇到的难题以及解决的方法。

第三步，标记努力时刻。

用不同颜色标记出特别努力的时刻，比如熬夜完成作业、向老师请教问题等。

第四步，总结并展望。

通过对比，孩子可以看到自己从起初的不懂，到逐步掌握知识的过程，帮助他们明确未来的努力方向。

根据方法，我拿出一张大纸，在上面画了一条横轴，让女孩标出这段时间里她每天学习的时间、遇到的困难、做过的尝试、考试前的情绪变化……每一点都不是为了评判，而是为了记录。

随着图表慢慢展开，我们看到了一个完全不同的画面：她曾熬夜看完整本《繁星·春水》，曾为了弄懂文言文里的一个句式请教了语文老师三次，考试前两天还主动整理错题集。这些努力虽未立刻转化为分数，却在她心里悄悄种下了扎根的种子。

妈妈渐渐沉默了，她开始看见，那一个个平时被忽略的细节，原来都藏着女儿努力过的痕迹。

我告诉她们：“**成长型思维的核心，是相信努力可以改变结果。**一次成绩的高低不能定义一个人，更不能抹掉她曾经流过的汗水。我们做这个图，不是为了‘美化失败’，而是为了帮助孩子看到自己曾经的努力，哪怕还未达到目标。”

后来，这位女孩在下一次月考中成绩虽未大幅反弹，却表现出了前所未有的从容和自信。她在作文里写道：“努力不是为了讨好别人，而是为了照见那个没有放弃的自己。”那一刻，我知道，她已经在路上了。

心理学家卡罗尔·德韦克曾提出**“成长型思维模式”**这个概念。她认为，**相信能力是可以通过努力不断提升的孩子，更容易在**

面对挫折时坚持下去。而那些被单一结果定义的孩子，则可能因为一次失败而自我否定，甚至失去行动的动力。

在我走访的许多家庭中，那些孩子心理更为强健、自我驱动力更强的家庭，并不一定都有“神童”，而是他们有一个共同点，那就是关注过程。这不是空喊口号说说而已，而是每天都真实地记录、复盘。

有位小学三年级的小男孩，在每次考试后都会和妈妈一起做一个叫“学习成长图表”的东西。他们用彩笔标出每个单元的掌握程度、遇到的难题和解决方式。妈妈告诉我：“我们不再盯着‘考了多少分’，而是问‘这次你做了什么努力？你觉得什么地方进步了？’”他开始喜欢记录自己的变化，看到那些从“很难”变成“有点懂”再变成“我会了”的过程，他自己也觉得很自豪。

“学习成长图表”的最大价值，不是为了让孩子远离错误，而是让他们与“过程”建立关系。通过可视化的方式，把原本抽象的努力变成看得见、摸得着的成长证据，让孩子慢慢明白：**真正值得关注的，不是一次得失，而是持续进步的路径。**

渐渐地，这个男孩面对考试不再害怕了。一次数学考试，他依旧没有拿到班级前十，可他自己跑来告诉我：“老师，我这次比上次多对了两道填空题！而且错的题我知道我为什么错了，我下次可以更好！”他脸上的光芒，那是对未来有把握的自信。

所以，亲爱的妈妈们，我想邀请你们试试“成长轨迹复盘法”，这不是一套复杂的系统工具，而是一种用心去陪伴的方式。你可以和孩子一起在周末画一张图表，记录每天的学习时长、遇到的挑战、突破的瞬间；你可以用不同颜色的小贴纸标记“特别努力的一天”或“情绪低落也坚持了的一天”；你也可以和孩子设立一个复盘时间，一起聊聊“这周你最骄傲的事是什么，你觉得下次可以改进的地方在哪里”。

这种复盘，不是为了追责，而是为了给予孩子一个思考“我是怎么做到的”的机会。久而久之，他们会习惯将失败当作反馈，将成功当作过程中的一次自我确认，从而真正走上“自驱成长”的路径。

你会发现，当我们把注意力从“结果”转移到“过程”上，孩子的眼神会变得更加笃定，他们开始相信自己可以改变，可以提升。抗挫能力，不是在孩子一帆风顺时培养出来的，而是在每次失败里，家长伸出的那只温暖的手、那句“我们来看看你是怎么努力的”，构筑起他们内在的韧性。

我曾陪伴过一个三年级的小女孩，名叫悦悦。她成绩中等偏上，但特别害怕考试。一次月考，她语文只考了65分，拿到试卷她就哭了，连晚饭都不肯吃。妈妈非常焦急，第一反应是责问：“你到底有没有认真复习？”但后来她想起我曾说过的一句话：**“批评不是解决情绪的办法，理解才是改变的开始。”**

于是那天晚上，妈妈放下责备，带着悦悦一起分析试卷，把错误分成“知识没掌握”“粗心大意”和“没看清题意”三个小类别。她们一起找出了悦悦失误的原因，并在笔记本上记录“下次可以怎么做”。悦悦一边写，一边擦眼泪，说：“原来错了也可以这样看，不是我没用。”那个瞬间，她好像真的松了一口气。

从那次开始，悦悦的心态逐渐转变。她开始愿意在每次练习后做一张“错题思考小卡片”，不再逃避考试。虽然分数起伏依然存在，但她的自我恢复力变强了，情绪稳定了，最重要的是，她开始相信自己有能力修正错误。

我深知，做母亲不易，我们都曾在深夜里翻看孩子的试卷，忍不住焦虑与自责。但我们更需要相信：**孩子不是等待被批评的小机器，他们是用自己的方式在摸索中努力长大的人。**请给他们一些空间，让他们知道失败并不等于被否定，而是一次“可以学到东西的机会”。

就像我曾在一本育儿札记中写下的那句话：**“真正的进步，是在没有掌声的时候，也愿意继续走下去的那份坚持。”**

成长，并不是一场结果导向的赛跑，而是一场长长的接力。我们每一次用心的陪伴、一次次真实的复盘，都是在告诉孩子你并不孤单，你的努力我看见了，而你正在变得越来越好。

请你，轻轻地告诉孩子：“你正在努力变得更好，我为你感到骄傲。”然后，和他一起，在成长的地图上，画下那一笔清晰的轨迹。你会发现，这条路，比任何满分都更有意义。

家长分享

文中那些温暖的细节都让我意识到，让孩子热爱生活，不靠说教，而靠一起创造。当孩子开始期待一顿饭、一张卡片、一盏灯光时，他便学会了在平凡中发现美。这份感知生活、参与生活的能力，是通往内在丰盈的起点。我也想和孩子一起打造属于我们的“小仪式”，让爱藏在日常的一饭一蔬中，默默发光、发热。

读后打卡

知行合一小任务	提示	是否完成
和孩子一起回顾近期的学习过程。	准备纸笔，标记学习情况，总结进步，明确方向。	

第四节

珍视日常细节，点燃热情

不少家长在育儿过程中，满心关注孩子的分数和才艺，却忽略了孩子对生活的热情。当孩子对生活提不起兴趣，家长们往往不知所措。其实，培养孩子对生活的热爱，让他们参与到生活美学中，能激发孩子的内在动力，让他们在平凡生活里找到快乐和力量。

有人曾问我，育儿究竟要教孩子什么？我沉思片刻，说："教会他们如何热爱生活。"

这不是一句空洞的口号，而是我多年走访家庭、指导家长之后，越来越确信的答案。我们太容易被分数、才艺、考级这些"看得见的成绩"吸引，却忽视了孩子面对生活时的眼神是否柔软、心是否敞亮。**生活美学，并不是装点门面的花哨，而是一种深刻的内在修养，是一个人如何与世界温柔相处的能力。**

我曾遇到过一位妈妈，名叫陶然，当时孩子 8 岁，正是活泼又有点倔强的年纪。陶然是个精致却不张扬的女人，她带着孩子来找我咨询，当时她说：“老师，我不是担心学习成绩，而是觉得孩子好像对生活提不起兴趣。他总是说无聊，无论我们去哪玩、吃什么、看什么，他都觉得没意思。”

我当时没有直接分析孩子的问题，而是邀请她来参加我们机构的“生活美学浸润课”。这门课程，没有教材，没有讲义。它的课堂，在厨房，在阳台，在春天开的第一朵花里。

那是一个周六的上午，我去她家拜访指导。门一打开，一股米香夹杂着柠檬清香扑面而来，她正在煮粥。可孩子却瘫在沙发上，对早餐毫无兴趣。陶然有些无奈地耸耸肩：“你看，我做得再香，他也懒得看一眼。”

我没有立刻介入，而是蹲下身去看那孩子的画册，翻开一页页涂鸦般的轨迹。突然，我发现其中一张画里，他画了一排小碗，里面分别装着橙、蓝、粉、紫的食物。我笑着问他：“这些颜色很像你妈妈早上做的早餐，对吗？”

他点点头，有些不好意思地说：“我觉得她做的东西像彩虹。”

那一刻，我看见了希望。

我们开始尝试**“生活美学浸润法”**，这个方法并不复杂，它的核心是**让孩子成为“美的参与者”。**

实施步骤：

第一步，邀请孩子参与日常生活的细节。

如布置餐桌、选择摆设、准备餐点。

第二步，通过孩子的提议来选择生活中的小细节。

如餐巾纸颜色、花卉装饰等，充分尊重孩子的意见。

第三步，与孩子共同完成生活中的“家庭仪式”。

如周末早餐、节日餐点等。

第四步，在日常互动中不断给予孩子反馈与鼓励。

让他们从中体验到自信与成就感。

从那天开始，我建议陶然不要单方面准备所有细节，而是邀请孩子一起完成布置。他们开始一起选择餐垫的颜色，用干花和手工卡片做桌角的小摆饰。孩子第一次提出意见：“我们可以放一颗小石头在盘子旁边，它像小精灵。”

第二周，我去她家复访时，家里变化不大，但整个氛围变了。孩子一脸神气地告诉我：“我选的那颗石头，妈妈也很喜欢！”

陶然渐渐学会放下“事事做到最好”的标准，而是把更多精力放在“和孩子一起完成”这件事本身。她不再追求一顿饭有多精致，而是在做饭前，问问孩子想吃什么、想怎么搭配，哪怕孩子提的只是“胡萝卜切成星星”，她也认真照做。慢慢地，孩子开始期待每一次和妈妈一起准备的“家庭小仪式”。

有一天，孩子在学校写了一篇作文，题目是《我最喜欢的家》。他写道：“我最喜欢妈妈说‘来，我们一起弄顿漂亮的晚饭’的时候。那时候我觉得我也很厉害，可以让桌子变得漂亮。”老师把这篇作文贴在了班级展示栏上。陶然哽咽地告诉我：“他第一次不是写游戏，不是写玩具，而是写我们在家的那些日常。我终于知道，**他不是不在意生活，而是我们以前没有给他参与的机会。**”

这就是“生活美学浸润法”的真正意义：**不是教孩子如何欣赏，**

而是让他们亲手参与进来，从创造中体验到一种连接感、一种价值感。而一个能在日常中体验价值的孩子，往往也是那个更容易找到内在动力、走向更稳健成长的孩子。

生活美学，不在于你是否用昂贵的餐具，摆出完美对称的摆盘，而是你是否愿意在生活中放慢一点点速度，和孩子一起，停下来，看一朵花开的姿态，闻一口刚出锅面包的香气，挑一盏柔和灯光在夜晚点起。是你是否愿意让孩子也拥有“发现美”的眼睛，并让他们知道，这份感知，是被重视的。

心理学上有个概念叫**“情绪调节资源”**，意思是指**我们在日常生活中积累的一切积极体验，它们像水库一样，能在孩子情绪低落、受挫时，自动释放缓冲力。**而这些资源，大多来源于微小却温暖的生活细节，比如母亲用心摆盘的一餐饭，一次与父亲共同种花的下午，一个雨天在窗前看书的时光。

我曾辅导过一位单亲爸爸，他在养育 8 岁女儿时，常感到力不从心。他工作繁忙，很难提供“精致生活”，但我告诉他：“哪怕你们每天只是一起用旧陶碗吃泡面，只要你在泡面上放颗煮蛋、画个笑脸，她就会记得生活里，是有爱的。”

他后来告诉我，那颗笑脸蛋成了女儿最期待的事情，有一天他忘了放，她还特意提醒：“爸爸，今天的蛋不笑了。”他愣了一下，然后放下筷子，认真地和女儿说：“对不起爸爸今天太匆忙了，忘了这件重要的事。明天，我画两个笑脸给你。”那一刻，女孩笑了，轻轻说：“其实我也想学怎么画笑脸，我可以帮你画吗？”就这样，他们开始每天一起准备那碗泡面，轮流画蛋，一起洗碗。

慢慢地，女孩变得比以前更主动，不再因为爸爸晚下班而生闷气，开始会说：“爸爸你辛苦啦。”她也愿意参与家务，学着照顾自己。父亲也告诉我，他开始感受到那种“互相陪伴”的幸福，不再总是一个人在努力，而是父女俩一起，靠近生活，一点点构建属于彼此的温暖日常。

正是这些细节，构筑起孩子对生活的期待。而对生活有期待的孩子，往往也更有力量去面对挫折，更愿意去尝试探索，因为他们知道，这个世界值得热爱。

我也建议家长们，为孩子准备一本**“生活灵感册”**。孩子可以在册子上贴上一片枫叶，画下今天喜欢的早餐摆盘，写一句他听过最温柔的话。不要低估这些“无用之物”，它们其实是孩子内在审美力和幸福力的种子。我们总习惯为孩子预备练习册、测试卷，却很少想过要**为他的感知力、情绪力、想象力也预留一块成长的土壤。**

我曾辅导过一位爸爸，他的女儿小蕾刚上一年级，入学初期情绪波动大、经常哭闹、不愿独自进教室。爸爸起初以为是学习压力太大，后来才意识到是孩子对新环境感到陌生和缺乏表达渠道。我们一起尝试了“生活灵感册”的方法，让小蕾每天放学后在册子里记录当天最喜欢的一件事，哪怕只是“老师今天的裙子颜色好看”或“下课和新朋友一起跳绳”。一开始她写得断断续续，后来却渐渐习惯了每天“寻找一点点快乐的线索”。三个月后，小蕾不仅主动和老师打招呼，还开始在课堂上举手发言。爸爸说：“她变得不再一味怕错误，而是愿意讲出自己的感受，这对她来说太重要了。”

这个灵感册，不是为了展示，而是为了收藏那些他在日常中偶然遇见的、美好的、打动心灵的小片段。当他未来面对压力与挑战时，这些美的记忆会成为他内心的一盏灯，让他知道，**生活虽不完美，但总有值得珍惜的一刻，总有柔光能穿透阴霾。**而这些种子，终将开出他们成年后心灵的花园。

育儿，并不只在考场和课堂之间来回奔跑，它更多藏在那一粥一饭、一针一线的日常里。你为孩子点起蜡烛、铺上一条干净的桌布，也是在教他如何去爱、去看见、去珍惜。

在我这些年的育儿指导工作中，越来越多的家长开始意识到，教育的终极目标，不是让孩子成为最强者，而是让他成为一个内心丰盈、眼里有光、愿意爱人的人。而这样的孩子，通常从小就在细节里感受到生活，虽然平凡，却值得期待。

家长分享

这一节让我深深体会到"热爱生活"其实是可以被培养出来的。我们总以为孩子对生活提不起兴趣，是因为他"不懂事"，却忽略了他们是否有参与生活、感受美的机会。文中孩子那句"我们可以放一颗小石头在盘子旁边，它像小精灵"，让我特别感动。原来，只要我们愿意放慢脚步，把孩子从"被照顾者"变成"共同生活的参与者"，他们就会悄悄点亮对生活的热情。这节让我明白，细节中藏着温柔的教育力量。

读后打卡

知行合一小任务	提示	是否完成
邀请孩子布置餐桌。	尊重孩子提议，选装饰物品，肯定孩子的参与。	

第五节

复盘精进，适配成长步伐

许多家长在育儿路上疲惫不堪，虽努力付出，孩子却不见进步，家长们因此困惑又迷茫。他们尝试各种方法，却总是力不从心。其实，育儿并非一蹴而就，而是需要持续优化。采用“育儿迭代优化法”，定期复盘，能让家长走进孩子内心，助力孩子成长。

很多家长来找我时，都会带着一种隐隐的疲惫感。他们看起来并不糟糕，工作尽职尽责，孩子也在按部就班地成长，但内心的困惑却清晰得很。他们会说：“老师，我觉得我已经很努力了，可为什么孩子总是不进步？”或者：“我明明每天都在反思自己哪里做错了，但依然觉得力不从心。”我总是轻声告诉他们：**“育儿不是一次性完成的作业，而是一场持续优化的长跑。”**

我常说，每一个家庭，其实都是一个小型的“生命实验室”。

而我们做父母的，就是这场实验的主持人，既是设计者，也是修正者。孩子不会按照我们设定好的蓝图成长，他们会走神，会叛逆，会在你以为他们“该懂事了”的时候再次跌倒。所以，我们需要一双能复盘的眼睛，更需要一颗愿意更新的心。

我印象最深的是一对夫妻会员，母亲名叫林澜，是一位金融行业的高管，性格雷厉风行，做事追求效率；父亲从事 IT 工作，逻辑缜密，凡事讲求计划。他们的儿子星星，今年 10 岁，聪明机灵，却总让人“抓不住重点”。一会儿说喜欢编程，可没两天又说太枯燥；一会儿爱上绘画，画了几张后又把画板打入冷宫。夫妻俩为此焦虑不已，来找我时，他们问得最多的是：“我们到底该怎么做，才能让孩子‘稳定’下来？”

我没有立刻回答他们的问题，而是请他们从下周开始，每个月尝试一下“复盘法”。**复盘的魅力不在于“总结”，而在于“修正”。**它能让家长从“指挥员”变成“合作伙伴”，让孩子意识到我的感受也会被认真对待，我还有调整的空间。这种参与感和被尊重的感受，本身就是最好的成长催化剂。

实施步骤：

第一步，记录情绪波动。

固定时间周期，家长陪同孩子一起回顾周期内的情绪波动，并记录下来。

第二步，分析原因。

引导孩子思考情绪波动的原因。

第三步，探索应对策略。

鼓励孩子提出下一次遇到相似情境时，可以采取哪些方法来应对。

第四步，总结改进。

在提出应对策略的下一个周期内，看看孩子是否在情绪管理上有所进步，及时调整策略。

第一次“家庭复盘会”是在一个周五晚上，林澜一家围坐在客厅的餐桌旁。没有手机、没有电视，只有一个开着的笔记本和一支圆珠笔。孩子一开始还有点敷衍，但当妈妈认真地说：“星星，我们想听听你这个月最开心的事，还有你觉得最不喜欢的事。”他竟然认真思考了一会儿，然后小声说：“我喜欢画‘太空飞船’那天……不喜欢你们让我一天写两张卷子。”

林澜有些愕然，但没有反驳，而是低头在笔记本上写下这句话。那一刻，我知道她开始学会放下“控制欲”，开始真正倾听孩子的内心。

从那以后，这场每月一次的会议就像是家庭的心跳，一点点地让这个家有了节奏和温度。第二个月，星星提出：“我想每周自己安排作业顺序，但可以让爸爸最后检查。”父亲点头，并帮他画了一个简单的计划表，还在表格右下角画了一个火箭——这成了他们父子的小秘密，每完成一周的任务，就往火箭里贴一颗小星星。

从心理学的角度来说，孩子在成长过程中需要不断练习**“元认知”——即对自己思考和行为的反思能力。**而家庭中的复盘会议，正是一个天然的训练场。它不是检讨大会，不是批评时刻，而是一种建设性的对话。孩子学会表达自己的感受，也开始思考“我为什么失败”“我下次可以怎么改进”，这正是应对未来复杂世界所需的核心能力。

还有一次，我去星星家里家访。门一打开，他就兴奋地拉我去看他亲手制作的“成长仪表盘”——一个用彩纸剪贴的小面板，上面有“学习”“情绪管理”“新尝试”三栏，每一栏后面贴着不同颜色的小标签。他说：“红色是我觉得不太好的事，绿色是我进步的地方，黄色是我还在努力的。”

我轻轻摸着他的头，对林澜说：“你看，他已经开始用自己的方式理解‘反思’了。”

是的，**育儿不是一劳永逸的工程，它更像是一项不断更新的软件系统。**每一个成长阶段，孩子的需求都在变化，家长的应对也必须跟上。一个适合 3 岁孩子的育儿策略，用在 8 岁孩子身上可能就会出现偏差。如果我们只想着“我已经教过他了”“以前这样做效果很好”，而不去看当下的现实，我们很容易陷入力不从心的困境。

我还想分享另一个让我非常感动的案例。那是一位来自四川的妈妈，名叫苏慧，她的儿子晨晨 9 岁，情绪起伏大，学习常常一不顺就大发脾气。起初，苏慧只是一味讲道理、批评，“你为什么不能冷静点？男孩子不能这么爱哭！”后来在我的建议下，她开始尝试用“情绪复盘表”的方式帮助晨晨梳理感受。

后来在经过和我们的沟通后，妈妈每天晚上，会问晨晨三个问题：“你今天有哪一刻觉得很生气？那时候你身体有什么感觉？你希望下次发生同样的事，自己能怎么做？”一开始晨晨总是皱眉沉默，几次之后，他慢慢会说：“我一生气的时候，耳朵就烫，手也紧了。”“我想下次可以走开 5 分钟，再回来讲。”这个小小的觉察过程，竟让晨晨的情绪管理明显改善了许多。

三个月后，晨晨在一次学校冲突中主动对老师说：“我想冷静一下，等一下再说。”老师专门给苏慧发来表扬信，说孩子进步巨大。这不是什么育儿奇迹，只是一个母亲开始尝试用**“复盘＋共情”**代替**“批评＋指令”**的转变，而这点点滴滴的努力，终会在孩子心里沉淀出真正的成长。

在复盘之外，我还建议家长们记录下孩子成长过程中的关键节点。这不是要做流水账，而是帮我们看到孩子的变化。比如，什么时候他开始自己收拾书包了？第一次主动承担家务是什么时候？这一个月里，他在哪件事上坚持得最久？你会发现，孩子并非没有进步，只是我们太忙、太急、太惯于盯着问题，而忘了“看见成长”。

所以，复盘，不只是孩子的事，更是家长的修行。

我常对家长们说：“你愿意承认自己也需要进步，孩子才会自然地接纳‘我还可以更好’这件事。”如果孩子成长是一条河流，**父母的反思就是不断修缮堤岸的过程。有了包容和调整的能力，孩子的河流才能更自由、更有方向地奔流。**

写到这里，我忽然想起曾经在云南旅行时，看见一户傣族人家门前的小石碑，上面刻着一行字：“每月三十，饮茶议家。”当时我只觉有趣，如今再想，却意味深长：一个懂得定期“坐下来”的家庭，必然是愿意彼此倾听的家庭。而愿意倾听的父母，终将养出内心坚定的孩子。

亲爱的家长，若你正为育儿感到焦虑、困惑，不妨给自己一点点喘息的空间。找一个夜晚，煮一壶茶，和孩子围坐一桌，谈谈过去一个月的开心和遗憾，记下一句孩子说得特别动人的话，也许你会发现，那些看似微不足道的时刻，正在慢慢雕刻出孩子未来的模样。

请相信：**不断复盘、持续成长的家庭，不仅更有韧性，也更有温度。而这份温度，终将成为孩子内心里最柔软也最坚固的底气。**

家长分享

读完这一节，我对“育儿是一场持续优化的长跑”这句话感触极深。孩子的成长不会一步到位，父母也不是一开始什么都会。文中提到的“家庭复盘会”特别打动我。它不是纠错的会议，而是一种温柔的共创。孩子在被倾听中更愿意表达，家长在回顾中也看见了彼此的努力。这种双向成长，才是家庭教育最有力量的样子。

我会立即行动起来，记录孩子的点滴进步，让他感受到：被看见就是被深爱。

读后打卡

知行合一小任务	提示	是否完成
和孩子回顾一周内最高兴与最伤心的事情。	分析原因，讨论应对策略并记录。